光であることば

若松英輔

小学館

光であることば

もくじ

デザイン
三木俊一（文京図案室）

刺繡作品／写真
沖 潤子
「culte à la carte」（カバー）
「柘榴」（表紙）
「月と蛹05」（扉）
「泰山木」（p93）

よろこびについて

人は、よろこびがなくては生きていけない。からだが水を必要とするように、心はよろこびを希求する。

だが、私たちはしばしば、何が自分にとって真の「よろこび」であるのかが分からなくなる。分からないものを探すのはむずかしい。

困難を前にすると、人はそれを不要だと思い込むことがある。だが、よろこびはそうはいかない。それは、心に注がれる水であるだけでなく、私たちの人生を照らす光でもあるからだ。

よろこびを漢字にしてみる。「喜び」「悦び」「歓び」「慶び」という文字がすぐに思い浮かぶ。喜劇、愉悦、歓声、慶事など熟語にしてみると、それぞれの「よろこび」の差異を感じることができるだろう。

「喜」にはどこか笑いが伴い、「悦」は一人で悦びを感じているような光景が思い浮かぶ。「歓」は他者にも歓んでいるさまが分かるような現象であり、「慶」は、長寿などを祝う語感がある。どれもたしかに「よろこび」なのだが、どれも究極のそれではないようにも思われる。また、「喜び」と書くと「慶び」が見えにくくなる。「悦び」と書くと「歓び」とは異なることを感じ始めたりもする。

漢字は物事《ものごと》を鮮明に確かめたいときには有用だが、そのいっぽうで「よろこび」とひらがなで書いたときに胸に染み入るような何かが失われてしまうことがある。四つのよろこびはどれも、ないよりはあったほうがよい。だが、「喜び」や「慶び」がない日々であっても、私たちは「よろこび」を必要としている。

現代人は知らないうちに漢字的に物事を感じているのかもしれない。書き得ないもの、あるいは、語り得ないものは存在しないかのように世界を作っている、そう感じる場面にしばしば遭遇する。

「よろこび」は「喜」「悦」「歓」「慶」のすべてを包含する。「よろこび」の輪のなかには四つの「よろこび」が常にある。探さなくてはならないのは「喜び」や「歓び」というより「よろこび」なのだろう。言葉で特定されることを拒むような、ある心情のうごめきなのだろう。

快楽とよろこびは同じではない。むしろ、似て非なるものでさえある。快楽は利己的に追求することもできるが、必ずしもよろこびは伴わない。時間とともに消え去るよろこびを感じることはあるかもしれない。しかし、そのあとに耐え難いほどの虚《むな》しさが残ることがあるのも私たちは知っている。

むしろ、よろこびは、快楽のないところにも生まれる。私たちは悲しみの底でもそれを感じることがある。

悲しみのなかで、かつて自分が幸せだったときのことを思い返すのではない。深い悲しみと深いよろこびが同居する。そんなことを経験した人も少なくないだろう。とはいえ、よろこびのために、いたずらに悲しみを探すわけにもいかない。

真に自分が求めているものが見えにくくなることがある。それは現代人だからではない。人間であることの宿命なのかもしれない。むかしの人も同様のことで苦しんできた。

苦しみは、あることの欠落から生まれるのではなく、誤った方向に進むことによって生じることがある。何かをしないから苦しむのではなく、過剰な活動が苦しみの淵源《えんげん》になっている。

キリスト者が日曜日にミサや礼拝に行くように、ユダヤ教徒は毎週土曜日を安息日《あんそくび》とする。安息日に労働は禁じられているのである。人はその日を自分たちのためにではなく、大いなるものに捧《ささ》げなくてはならない。

『愛するということ』の著者として知られている精神分析家エーリッヒ・フロムは、ユダヤ教の伝統のなかで育った。親族には伝説的なラビ（ユダヤ教の聖職者）もいる。ユダヤ教の歴史は、彼の思想にも色濃く影響を与えている。フロムは『生きるということ』で安息日にふれ、次のように述べている。

シャバット〔引用者注：安息日〕には、人はあたかも何も持ってはいないかのように生活し、あること、すなわち自分の本質的な力を表現することのみを目標として追求する。すなわち祈ること、勉強すること、食べること、飲むこと、歌うこと、愛の行為を行なうこと。
シャバットは喜びの日である。というのはその日に人は十全に自分自身となるからである。

（佐野哲郎訳）

自分自身になる、これ以上の「よろこび」はない。そして、内なる自己へと私たちを導く営みとは「祈ること」「学ぶこと」「食すること」「歌うこと」そして「愛すること」である、とフロムはいう。また、ここでフロムが穏やかに遠ざけているのは、何かを必要以上に所有すること、権力を有すること、そして、自分自身と誰かを比べることでもあるだろう。

自分は、世にただ一つの存在である。このことを真に認識したとき、その人の前には、それ以前とはまったく異なる世界が開けてくる。もちろん、世界が変わったのではない。変わったのは人間である。しかし、だからこそ、すべてが変わったともいえるのではないだろうか。こうしたとき人は、深い悲しみのなかに尽きることのないよろこびを見出《みいだ》すのである。

希望について

いま、私たちは危機の時代を生きている。危機が深刻な問題となるのは、それまでの常識や枠組みが通用しないからだけではない。危機とは、人々が危機にあることが分からなくなる状態ともいえるからだ。

崖の先に何もない現実を知っていれば、人はあえて道をそれるようなことはしない。だが、そのことが見えなくなるとき、周囲の声も耳に入らず、道を踏み外す。もしも、自分が危機にあることを覚《さと》れば、自らだけでなく、大切な人を必死に守ろうとするだろう。

危機を感じることができないとき、その人にとっての世界は、現実ではなく、願望的なそれになる。そうした願望はしばしば、利己的なものに陥る。

願望と希望は違う。似ているのではない。むしろ、似て非なるものだ。英語に置き換えてもまったく姿が違う。願望はｗａｎｔだが、希望はｈｏｐｅである。願望は、その人が望み、願ったものだが、希望は、希《まれ》なる望みを指す。「希」はしばしば「稀」と同義になる。

人がいれば、少なくともその数だけの願望がある。だが、希望はそうではない。願望が拡散していくのに対して希望は個人を超え、普遍に向かって収斂《しゅうれん》していく。願望はしばしば欲望に変じていく。希望が深化するときは、個の立場を離れていく。それは無私の悲願に至ることもある。

願望を持つ、というように人は、持ちきれないほどのそれを手に生きようとする。あふれるほど抱え、それらを道端に落としながら歩くような人をすら、見かけることがある。願望の洪水のなかを生きるのが日常になるとき、人は真に必要なものが何かさえ分からなくなる。

苦しんでいるときに、もっと希望を持った方がよい、などといった助言を受けることがある。だが、こうした言葉を耳にするとき、やり場のない憤りを感じることがあるのではないだろうか。用いられているのは「希望」という言葉だが、聞く者は、そこで意味されているのは願望にほかならないことを敏感に感じ取っているのである。危機を生きる者は、願望のはかなさを知っている。

真に希望が近く感じられるとき、私たちはそれを「持つ」とはいわない。希望を「抱く」ように感じる。時を惜しみながら、今という瞬間を抱くように、自らに訪れた希望を胸に抱く。

さまざまな哲学者や思想家が希望とは何かを論じたが、もっとも真摯に語った人の一人がキリスト教を世界に広めた使徒パウロである。パウロは、「希望」とは単に何かを望むという営為であるだけでなく、「徳」でもあると考えていた。儒教が説く「仁」「義」「礼」「智」がそうであるように、人間であることの証《あか》しの一つだというのである。

苦難は忍耐を生み、忍耐は試練に磨かれた徳を生み、その徳は希望を生み出

すことを知っています。この希望はわたしたちを裏切ることはありません。

（「ローマの人々への手紙」5章・3―5節　フランシスコ会聖書研究所訳注『新約聖書』）

苦しみを生きるという試練が希望という徳を生む。それはけっして私たちを裏切らないとパウロは断言する。彼にとっての希望は、人が努力によって獲得する能力というよりも、大いなるものから与えられているものだった。このとき希望は、どこからともなく「宿る」ものになる。

私たちは願望を待てない。そもそもそうした言葉遣いをしない。だが、希望が宿るのを「待つ」ことはできる。むしろ、「待つ」という営為こそ、希望の種子の開花を実現することを本能的に感じている。

待望という言葉が存在すること自体が、希望と「待つ」ことのあいだにある深い関係を暗示している。

彼にとって希望を生きるとは、自己自身の使命を生きることと同義だった。そして、彼にとって希望とは、彼が「神」と呼ぶものの顕現を待つことにほかならなかった。先にも引いた「ローマの人々への手紙」でパウロは希望をめぐって次のような言葉を残している。

目に見える望みは望みではありません。目に見えるものを誰が望むでしょうか。わたしたちは目に見えないものを望んでいるので辛抱強く待っているのです。

（同8章・24―25節）

パウロの言葉は私たちの日常の感覚にも近い。願望はしばしば目に見え、手でさわることもできるが、希望は目に見えず、手でさわることもできない。さらに目に見えないものをこそ「待つ」という感覚も、ゆっくり振り返ってみれば分かるだろう。私たちは「生きがい」や「幸福」もまた、パウロのいうように待っている。

「待つ」とき人は、何の当てもなく呆然と立ち尽くすのではない。どこかで何かの到来を感じている。予感というよりもさらに確かなものを感じている。

未来とは「未だに来ないもの」だが、将来とは「将《まさ》に来たりつつあるもの」である。「待つ」のは未来的なものではない。それは将来的というべきものなのである。

将来は遠くにあるのではない。見えない姿をして、すでに今、ここにある。今ここにあるからこそ、それを「抱く」ことができ、それが「宿っている」のを感じ、安心して「待つ」こともできるのである。パウロの言葉はおそらく間違っていない。「希望はわたしたちを裏切ることは」ないだろうからである。

人生の門

悲しみや苦しみを生きるとき、まったく励まされないのも寂しいものかもしれないが、善かれと思って投げかける激励の言葉は、かえって相手の苦しみを深めることがある。

さらにいえば、励ましらしい言葉は、ほとんど励ましにはならない。苦しむ人に必要なのは慰めと癒しであって、「とにかく頑張れ」という言葉に象徴されるような、一方的な声がけではない。

こう断言するのも問題があるのかもしれない。だが、自分の経験を正直に語るとそうなる。いわゆる励ましの言葉に励まされた記憶がないのである。

しかし、言われたときには受けとめ切れていなかったが、時が経過してみると、あのとき、あの人が言った、あの言葉は、自分を精いっぱい気遣ってくれていたことの証《あか》しだった、と思い直すことはしばしばある。

時の経過とひと言でいっても数日のこともあれば、数ヶ月、一年、あるいは十年を超える場合もある。気がついたときには、その言葉を投げかけてくれた人はすでに、この世の人ではないことも少なくない。

どんなに気の利いた言葉よりも、自分も苦しいことがある、とつぶやくようにいう。こうした素朴な出来事が苦しむ者には光になる。悲しみをめぐっても同質のことが起きる。悲しむ姿が、もう一人の悲しむ者を救うのである。そうした悲しみの共鳴をめぐって、哲学者の柳宗悦《やなぎむねよし》は印象的な言葉を残している。「悲しさは共に悲しむ者がある時、ぬくもりを覚える」。柳は、悲しさは共に悲しむ者があるときぬくもりに変じる、と書いてもよかったのかもしれない。先の言葉に柳はこう続けた。

「悲しむことは温めることである。悲しみを慰めるものはまた悲しみの情ではなかったか」（『南無阿弥陀仏』）。人は悲しむとき、熱い涙を流すことがある。この事実が象徴しているように悲しみ——苦しみもまた——は、冷えた経験ではなく、見えない炎のなかを生きるような熱の経験だといってよい。

悲しみを胸に抱えていても多くの人は、人前では平然を装う。秘めていなければ、その熱が場の空気を一変させることを知っているからだ。こうした抑制の上に社会生活は営まれている。

もしも、「生活」だけなら、それでもよいのかもしれない。しかし、私たちには「生活」だけでなく「人生」という世界がある。そして多くの場合、苦しみや悲しみは最初、「生活」の場で起こったとしても、かならず、その影響は「人生」の境域にも及ぶ。生活と人生は同じではない。その差異と交わりを描き続けたのが遠藤周作だった。

彼の最後の長編小説『深い河』には、主人公の磯辺の生活と人生のありようをめぐって次のような一節がある。

だが、一人ぽっちになった今、磯辺は生活と人生とが根本的に違うことがやっとわかってきた。

「一人ぽっち」になったのは、突然分かった病で妻を喪《うしな》ったからだった。それ以後、彼は、それまでの生活と、その奥にある人生を問い直さざるを得なくなる。いつまでも続くと思った伴侶との生活が突然に終わる。そして、音を立てるようにして崩れていったのは、彼の生活以上に、人生の方だった。

男は、伴侶を喪うまで、この二者の区別がつかなかった。むしろ、人生とは生活の延長にあるものだと思い込んでいた。悲しみと当惑の先に彼が見出《みいだ》したのは、生活と人生は似たものではなく、似て非なるものである、という厳粛な事実だった。

世のなかに眼《め》をむけてみれば、過酷な環境に生きながらも荘厳な、というべき人生を生きている者もいるだろうし、どんなに豊かな生活をしていても、貧しい人生を送る人もいるかもしれない。

生活は社会的なものであり、日常的なものである。ときに公共的であることを求められることもある。

だが、人生は違う。それは個的なものであり、ある意味で日常の彼方《かなた》、あるいは深部というべき場所を流れているものであり、容易に他者と分かち合うことができない何ものかなのである。

もちろん、生活と人生は分かちがたく結び付いている。それは不可分の関係にある。だが、磯辺はそれが不可同——同じにはなり得ないこと——であるとも感じている。さらにいえば、彼の言葉には人生の優位という実感もにじみ出ている。どう生きるかということだけを考えているとき、その人の「人生」は「生活」という幕に覆《おお》われて見えにくくなる。自分にとって、あるいは、自分にとって大切な人の死とは何か、さらにいえば、人間にとって死とは何か、という終わりのない問いに直面するとき、真の意味で人生が始まるのではないだろうか。

どう生きるかだけでなく、自分が、自分以外のちからによって、どう生かされているのかを感じるとき、人生の門がゆっくりと開き始めるようにも思われる。

ほんとうの居場所

誰もが苦しみを抱えて生きている。目の前で笑っている知人も、部屋で独りになれば、その人の苦しみと向き合わねばならないことがある。このことを私たちは、おぼろげながらに感じている。

だが、そのいっぽうで、自分が苦しいと感じるときは、この苦しみを生きているのは、ほかの誰にも分かってもらえないのではないかと思い込む。ほかの人たちは皆、うまくやっているのに、自分だけがうまくいかない。そう感じる。

他者と打ち解け得ないと思えば、相談もしにくい。安易に相談して、そんなこともできないのか、と声に出して言われないまでも、身振りや眼差《まなざ》しで語られるような気がするのである。

苦しみはしばしば人を孤立させる。孤立とは、独りでいることが苦しみに感じられる状況だといってよい。

独りでいることが、いつも苦の経験であるとは限らない。

本を読むとき、何かを書くとき、大切な人を思って祈るときなど、自己や人間を超えたものとのつながりを必要とするとき、私たちはあえて独りになる。独りになって、自分の立ち位置や居場所を確かめる。

苦しみに捕らわれる。すると、この孤独の営みがいつものように行えなくなる。孤独と孤立の差異が分からなくなる。自分の居場所が分からなくなる、と感じる人もいるかもしれない。生きていることに不安を感じることすらあるだろう。

この一文を私は、二度目の緊急事態宣言が発せられた直後に書いている。二〇二〇年の四月から五月にかけて、一度目の緊急事態宣言の一ヶ月強の期間、私は幾度も自分の居場所を見失いそうになった。これほどまでに自分が弱い人間だとは思っていなかった。

書物を読み、文章を書くことを仕事にしている者にとって、仕事の時間のほとんどは孤独な時空で行われる。孤独には慣れていると思っていた。むしろ、自分の仕事を集中して行える時間になるとすら感じていた。

だが、現実は違った。あるときまで、読むことも書くこともできなくなったのである。原因は、当時は漠然としていたのだが、今はそれがはっきりと分かる。死である。自己の死だけでなく、大切な人の死、あるいは世の人々の死という問題が、文字通り抗《あらが》いがたいものとして肉迫してきた。

もう十年以上前になる。伴侶の死を経験して以来、私は死者とはどのような存在なのかを考えてきた。ここでいう死者とは、亡くなって、もう帰らなくなった人のことではない。その姿は目には見えず、声も聞こえないがたしかに存在している「生きている死者」である。

あの経験のあと、私にとって生きるとは、生ける死者との対話のなかに行われる営みになった。その対話は、孤独のとき、言葉を超えた「沈黙のコトバ」によって行われる。孤独は私にとって死者との交わりの時間でもあった。

振り返ってみると、死者をめぐっては、一冊ならず、本を書いた。だが、死者とは何かを考えることと、死とは何かを考えるのは同じではない。むしろ、似て非なるものだと言えるようにすら思う。死とは何かを考えることを、私は長く遠ざけていた。あの日、経験した、耐えがたい悲痛の衝撃を想起することになるからだ。

あの春の日々、ずっと目を背けていた死という問題が、抗いがたい事実として顕現したのである。

人は生きつつあると同時に死につつある。死を避けることは、畢竟《ひっきょう》、生を忌避することになる。生と死という相反するものが、常に同時に営まれている、というのが私たちの日常である現実を、突きつけてきたのである。

それにもかかわらず、生きるとは何か、どう生きるべきかという問いばかりを考える。死とは何か、どう死を深めていくべきかをほとんど考えない。こうした者にとって、死はいつ訪れても突然の出来事になる。

死をめぐる思索が続く。それは意識の仕事というよりも、無意識の仕事であり、思考の仕事であるよりは認識の仕事だった。言語の仕事というよりは、イマージュと呼ばれる、未定形の意味のうごめきとのたたかいだった。

こうした日々の先に見えてきたのは、じつに素朴な事実だった。人は独りでいるとき、誰かといるときとは異なる仕方で、異なる深度でつながっている、という実感だった。

孤独は独りでいることだが、その営為は幾多の人たちによって支えられている。多くの手のなかで、独りでいたのである。

自分の死が怖くなかったのではない。だが、それ以上に、自分という存在を在らしめている人たちに、もしものことがあったらと考えたとき、驚くほど動揺した。そして、こうした不可視な、しかし、強固なつながりを、それまでの自分が十分に感じられていなかったことを悔い、同時に、それが失われるのではないのかという恐怖にふるえた。

人生の道に迷うのも不安だ。しかし、居場所が分からなくなったとき、困難はいっそう深くなる。道が分からなければ誰かに聞くこともできるのだろうが、居場所となるとそうはいかない。ここでいう「居場所」はもちろん、地理的な場所でも会社や組織などの帰属先でもない。人生における「居場所」にほかならない。それからある期間、自分の真の居場所はどこかを、まさに手探りで探すような日々が続いたが、それは容易に見つからない。

晩年という時期になってはじめて、死がもう一つの日常であることに気がつき、居場所を探す人もいるのかもしれない。そんな男の物語として、よく知られているのが、トルストイの『イワン・イリッチの死』という小説だ。

イワンはよく働いた。職業は役人で、ある程度の地位までいった。家庭もある。暮らしぶりも悪くない。一見したところでは何の不足もないような日々を送っているかに映る。

だが、本人の手応えはまったく違った。積み上げてきたのはどこまでも社会生活であって、自分の人生がいっこうに深まっていない事実を否むことができなくなっていた。きっかけは病だった。自分の思う通りに生きられないと分かったとき、生きるという使命が展開する次元がまったく変わったのである。小説にはこんな言葉が記されている。

もう自分で自分を欺くこともできなくなった。なにか恐ろしい、新しい、非常に重大な——今までイワン・イリッチの生涯にかつてなかったような重大なことが、彼の内部で行なわれているのであった。しかし、これを知っているのは彼一人きりで、周囲の一同はそれを悟らなかった。

（米川正夫訳）

人生の岐路というべきところに立ちすくむ。そんな限界状況にあることも、ほかの人の目にはまったく映らない。生活上の問題は容易に他者と分かち合うことができる。だが、人生の問題はかならずしもそうはいかない。人はときに、人々のなかにあってなお、孤独にこの問いと向き合わねばならなくなる。

所有できるもの、評価されることをいくら積み上げても自分の胸中にある空白を埋めることはできない。最優先の問題はどんな生活をするかではなく、いかに人生を深めるのか、あるいは人生の手応えを確かめられるのかということになった。だが、生活の手応えしか探してこなかったイワンは、どこを探せば人生に遭遇できるのかが分からない。

居場所がない、となると居場所を外部に探す。

だが、先の一節にも「内部」という言葉があったように、私たちが眼を向けなくてはならないのも、外ではなく、内なるちからなのかもしれないのである。未知のどこかに居場所を探すのではなく、さまざまな状況で、自分が自分の居場所になればよい、そう語る人がいる。中国・唐の時代の禅僧で、臨済宗《りんざい》の開祖臨済（？〜八六六／八六七）である。彼の名をとった語録『臨済録』に次のような一節が記されている。

随処に主と作《な》れば、立てる処みな真なり

随処、すなわち、どの場所にあっても、自らが自己とつながることができれば、その場所が、真の居場所になる、というのである。

この一節に出会ったのは前田利鎌《とがま》『臨済・荘子』という本だった。前田は、この二人を論じて明らかにしたいのは真の意味の「自由」とは何であるかだったと書いている。そして自分がいう自由とは、何かからの解放ということではなく、「自ら」に「由《よ》る」ことだともいう。

生活の使命は、外部世界で、何かとあるいは誰かとよい関係を育むことなのかもしれないが、人生の使命は違う。それは、自分自身とのつながりを取り戻さない限り何も始まらない。

街から人の姿が消えた春の日、私に足りなかったのは覚悟でも準備でもなく、自分自身との対話だった。沈黙の声というべきものが存在していることに、「知命」の年齢を超え、ようやく思い至ったのである。

その声は私の耳には聞こえない。目に見えないものは心眼《しんげん》で見なくてはならないように、そうした声は心の耳で聞かねばならない。昔の人はそれを心耳《しんじ》、あるいは天耳《てんに》とも呼んだ。

静寂の音信《おとずれ》

世の人々は悲しむ者を励ます。悲しむことは不幸である。早く悲しみを乗り越えて幸福になった方がよい。早く元気になれ、と激励することもある。だが、励ましの言葉は悲痛を生きる者たちにときに耐えがたい苦痛になる。必要なのは励ましではなく、なぐさめだからである。

励ましはいつも善意から起こる。だが、悲しみは善意だけでは鎮まらない。なぐさめは、与えられることもあるが、自ら見つけ出さねばならないこともある。その訪れを待つのではなく、人生という地平で探り当てなくてはならないことがある。

あるときの私にとって、詩を書くとは、生きていくための水源を掘ることにほかならなかった。詩を書くことでいのちの燈火《ともしび》をどうにか燃やし続けたのである。祈りがしばしば沈黙のうちに行われるように、なぐさめもまた、静寂のなかにもたらされる。

なぐさめは人を変える。変わるとは、その人にとっての幸福の意味が変わることにほかならない。幸福を探さない人はいない。生きるとは、ある意味で幸福の探求だといってよい。だが、幸福とは「探求」すべきものであるよりも、「探究」すべきものなのかもしれない。

探し求めることと探し究めることは同じではない。むしろ、対極的に相違する場合もある。探求する者は、自分が求めているものが何であるかを知っている。より精確にいえば、「知っている」と思い込んでいる。だが、探究する者にとって、探しているものはいつも、解き得ない謎なのである。もちろん、幸福もまた、そうした謎の一つである。事実、幸福とは何かという問題は解き明かされないいま、古代ギリシア哲学の時代から現代に至るまで、止《や》むことなき探究が続いている。

哲学者のアランは、幸福とは誰かから与えられたものではなく、自ら見出《みいだ》すものであるという。心理学者のエーリッヒ・フロムは、真の自己で在《あ》ることだと語る。また、アリストテレスは、自分自身を感じるだけでなく、人間を超えた大いなるものと共にあろうとすることであると書いている。

三人三様のようにも見えるが、幸福とは、目に見えず、手にふれることのできないものである、と考えている点では一致している。目と眼は似て非なるものである。目に見えないものを探しているのなら、もう一つの眼で内なる世界を眺めなくてはならない、と詩人のリルケ（一八七五〜一九二六）はいう。

われわれは隣人たちに承認された幸福を高くかかげようとする。疑いようのない幸福が
われわれに顕現するのは、ただわれわれがそれをわれわれの内部において変化さすときだけなのに。

（『ドゥイノの悲歌』手塚富雄訳）

誰かによって「承認された幸福」ではなく、真の幸福と巡り会いたいのなら、外部ではなく、「内部」への道を進まねばならない。そしてこの詩人は、手ではつかみ得ないものを探し出さなくてはならない、と強く促す。さらに安易な鼓舞や忠告を受け取ってはならない。あてがわれた幸福への階段は、遠からず「痩せ細って消え去る」からである、と警鐘を鳴らす。先の一節にリルケはこう言葉を継いだ。

愛する人たちよ、どこにも世界は存在すまい、内部に存在するほかは。
われわれの生は刻々に変化して過ぎてゆく、そして外部はつねに痩せ細って
消え去るのだ。

一九一二年、リルケは題名にあるように、この長編詩『ドゥイノの悲歌』を北

イタリアのスロベニアとの国境近くのドゥイノで書き始めた。

一度、この場所を訪れたことがある。リルケが詩を書いた場所は、断崖に立つ古城だった。そこに吹き来る風は、この詩に刻まれているように、今も時折、天使の声を運んでくるように思われた。

『ドゥイノの悲歌』が書き終えられたとき、すでに十年の歳月が流れていた。「悲歌」は「哀歌」と同義で、死者たちに捧《ささ》げる詩歌を指す。挽歌《ばんか》ともいう。リルケにとって詩を書くとは、自らのおもいを表現することであるよりも、語り得ない者たちから言葉を預かることだった。言葉を持たざる者たちをリルケは死者、あるいは天使と呼んだ。

……風に似て吹きわたりくる声を聴け、
静寂《せいじゃく》からつくられる絶ゆることないあの音信《おとずれ》を。
あれこそあの若い死者たちから来るおまえへの呼びかけだ。

語らざる者の「音信」は耳には聞こえない。生者の声は振動によって生まれるが、死者たちの声は、静寂によってささえられている。死者の声にふれるのを望むなら、声を発することを止め、沈黙の時空を作り出さなくてはならない。

たとえ、その声が、耐えがたい悲痛が生み出した嘆きであったとしても、愛する者を呼ぶ慟哭《どうこく》の声だとしても、一たび声を鎮めなくてはならない。生者が死者を思う悲しみ、叫ぶその声が、待ち望んだ亡き者たちからの音信を自ら遠ざけることになるからである。

詩歌のちから

短歌に出会った、と思ったのは、東日本大震災のあとだった。歌が、亡き者たちへの手紙であることを知ったからである。

それまでも歌を愛読してきたが、今から振りかえってみると、ある種の鑑賞に過ぎず、今日感じているような切実な実感はなかった。もちろん、それ以前から短歌を読むことはあったし、短歌をめぐって書いたこともある。だが、歌のちからというべきものを知らなかった。亡き者に手紙を出そうと願うこともなかったのである。

歌を詠めないから詩を書いた。詩を書かねば己《おの》れの生の重みを支えきれないと感じたこともある。今、ある種の歌は、他者の声ならぬ声のなかに、己れの未《み》生《しょう》の声を聞くように感じられる。他者の言葉によって歌われた、己れの祈りであると思われることすらある。

同質のことは詩を書くときにもいえる。詩において「わたし」と書くとき、私はしばしば、未知なる者の声を聴く。むしろ、その声が私に、詩において「わたし」と書くことを許してくれているようにさえ感じることがある。

詩歌が生まれるとき、心を揺り動かす経験も必要だろうが、凝縮された沈黙もなくてはならない。沈黙がないところに音楽が生まれないように、詩歌もまた静《せい》謐《ひつ》な時空を要する。静寂を土壌にしなければ芽生えることのない詩歌の種子が、この世には存在する。悲しみの種子もその一つである。

悲しみという固い殻に包まれた種子を芽吹かせるための「水」は私たちが流す涙だろうが、それを地上へと引き上げるのが詩歌のちからである。歌のはたらきがなければ、悲しみは心のなかでいつまでも渦巻いている。歌に詠まれることによって悲しみは天地《あめつち》へと放たれる。

いにしえの時代、歌は挽歌から生まれた。呻《うめ》きは声にならない。だからこそ、人は歌のちからを借りねばならなかった。歌の言葉はすべてを語らない。むしろ、三十一文字に凝縮されることから生まれる余白によってこそ、何事かを物語ろうとする。挽歌を歌う者は五・七・五・七・七の音律のはたらきに悲しみを収斂《しゆうれん》させることで、強靭《きようじん》な沈黙をそこに生もうとしたのである。

「古くからわが国の葬制はかなり整ったものであることが知られている。そのような儀礼のなかから、短歌的な発詠が生まれてくることは、容易に予想されることであった」と白川静《しらかわしずか》は『初期万葉論』に書いている。

葬儀はしばしば、沈黙と呻きによって覆《おお》われる。言葉の器によって沈黙と呻きを運ぼうとするとき、歌の扉が開いた、というのだろう。

いにしえの人たちにとって、それはある種の啓示というべき経験だった。先の一節に白川はこう言葉を継いでいる。「短歌という形式もおそらく誄詞《しのひごと》の終りに、鎮魂のために誦詠《しようえい》されたものであろう」。「誄詞」とは弔辞のこと、生者から死者への呼びかけである。生者は誄詞の言葉を聴くのだろうが、死者は誄詞を包む沈黙を受け取る。

『古今和歌集』では「挽歌」ではなく、「哀傷歌」と呼ばれる。この和歌集の編者のひとり紀貫之《きのつらゆき》の歌も複数ここに選ばれている。「あるじ身まかりにける人の家の、梅の花をみてよめる」という詞書《ことばが》き添えられ、次のように詠まれている。

原文では各句のあいだに一字空けはなされていない。近代では会津八一《あいづやいち》が句で区切った歌を残しているが、あまり馴染《なじ》みのない者には、こうした余白が歌との距離を縮めてくれるように思う。

色も香も　昔の濃さに　にほへども　植ゑけむ人の　影ぞ恋しき

「梅花の色の香りが、かつてのように濃く感じられる。しかし、それを植えた人の姿は見えず、恋しくおもう心情だけが募っていく」、というのである。

貫之は事実を歌ったのだろう。だが、優れた詩がそうであるように、短歌もまた、それが「ちから」を内包していればいるほど、時代の制約を超えた象徴性を帯びてくる。平安時代の常識を打ち破り、時代を超えて新しい「読み」を促すのである。

「植ゑけむ人」とは、土に木を植えた人であるかもしれないが、貫之の心に言葉の種子を残した人だったのではあるまいか。亡き者たちは、しばしば言葉として感じられる。亡き人が語った言葉を想い出すのではなく、死者がコトバになるのである。

哲学者の井筒《いづつ》俊彦《としひこ》は、言語を超えた意味のあらわれを「コトバ」と表現した。死者はさまざまな姿をして、生者を訪れるが、コトバもまた、その一つである。

新渡戸《にとべ》稲造《いなぞう》と内村《うちむら》鑑三《かんぞう》に師事し、全体主義がはびこる日本において、真の自由を探究し続けた政治学者――政治哲学者と呼ぶ方が彼の実状に近い――南原《なんばら》繁《しげる》（一八八九～一九七四）という人物がいる。戦後の混乱期、東京大学の総長もつとめた。南原は二度、妻を喪《うしな》っている。彼は歌を詠む。後妻の博子《ひろこ》が亡くなったとき、南原は『瑠璃《るり》柳《やなぎ》』という私家版の追悼文集を編んだ。そこに寄せた一文に次の一首がある。

わが庭に　一本《ひともと》咲ける　白椿　植ゑしめし人　いまはあらなく

意訳すると、庭に白い花をつけた椿が一本立っている。だが、それを植えた妻はいない、ということになる。

紀貫之も南原繁もともに、木はあるが、人はいないと歌った。詩歌においてはしばしば、不在の言葉は臨在を意味することがある。「臨在」とは、見えない何かがそこに存在することを指す。二人の歌人が亡き者たちの不在を語る歌も例外ではない。そこには死者の存在を超えた臨在が歌われているのである。

励ましと　なぐさめが
ちがうと　知ったのは
さけがたい
人生の壁に

ぶつかったときでした

むかしの人が
たましいと呼んだ場所を
緋色《ひいろ》の炎の姿をした
なぐさめが
そっと　おとずれるのを
経験したときでした

励ましとなぐさめが
ちがうと　分かったのは
あの人が
じっとだまって
そばに　いてくれたからでした

目に見えないことと存在しないことは同じではない。愛する者を喪い、悲嘆の底を生きる者をなぐさめるのは、ときに死者となった、その愛する者なのである。

書くことの爆発

幼稚園に通うのが嫌だった。そのころから集団行動が苦手だった。それでもどうにか卒園できたのは、その教育方針がある特殊なものだったからかもしれない。

カトリック天使幼稚園という名前のとおりの場所で、教会が併設されていた。園長は神父が兼任していて、「モンテッソーリ・メソッド」を基盤に据えていた。創始者マリア・モンテッソーリ（一八七〇～一九五二）は敬虔《けいけん》なカトリックで、教育思想家、その影響は文字通りの意味で世界に及んだ。モンテッソーリはもともと教育者ではなかった。彼女は近代イタリアで最初の女性医師だった。

女性が科学を学ぶのに大きな抵抗のあった時代のことである。それでも道が開けたという事実は、彼女がいかに聡明《そうめい》な、そして胆力のあった人物だったかも物語っている。

精神科医として働き始めた彼女は、ある日、患者となる子どもたちと接していて、必要なのは治療だけでなく教育であることに気がつく。大学に入り直し、教育学を学び始めた。当時のイタリアには貧困に苦しむ人が少なくなかった。大人の生活的困窮は、子どもに無関係ではありえない。一九〇七年、モンテッソーリは支援を必要とする子どもたちを集めて「子どもの家」の活動を始める。この拠点が「モンテッソーリ・メソッド」の母胎となる。

子どもはさまざまなことを生活のなかから、実践することによって学び得る。それを独力で行うことによって血肉化し得る。それがモンテッソーリの目撃したことだった。生活という学び舎《まなや》の価値を彼女はけっして見失わなかった。

そして、幼児にとって学ぶとは、大人が提供する知識を吸収することではなく、すでに種子として与えられているものを開花させようとする営みにほかならない。それがモンテッソーリの基本理念だった。その理念もまた、彼女の思考から生まれたものというよりも、子どもたちとの生活のなかで育まれた。こうして生まれた独自の教育法は、さまざまな場面で、それまでの常識をくつがえすことになる。

当時は――現代でもほとんどの場合そうだが――まず「読む」ことを覚え、次に「書く」ことを学ぶ、という教育が一般的だった。しかし、あることをきっかけにモンテッソーリは「書く」ことの方が、より本能に近いことを発見する。

彼女は子どもたちに、木の板にアルファベットの文字の形にみぞを彫ったものを渡す。子どもたちは自然とそのみぞをなぞる。

子どもたちはその時点で、文字に関する特別な教育は受けていない。しかし、しばらくすると、なぞる触覚に刺激され、いつの間にか意味のある文字を書き始めるようになっていく。少し書いてみる、というのではない。文字を書ける場所があればどんなものにでも書いた。その様子を彼女は「書くことの爆発」と表現している。

こうして言葉との関係を経験的に深めていく子どもたちの姿を彼女は「まるで子どもたちがアルファベットを吸い込む機械のように私には思えました」という。

そしてこう続けた。

それは、文字を吸収する真空が精神の中に存在するような現象でした。この事実は驚くべきことですが、しかし、説明は容易です。すなわち、すでに子どもの精神の中に存在していた言語が、文字によって刺激され形としてあらわされることによって、子ども自身自分の言葉を分析できるようになったのです。

（『新しい世界のための教育』関聡訳）

モンテッソーリにとって「学ぶ」とは、子どもたちが、自分の精神の中に存在していた言語を想《おも》い出すことだった。教師の役割はそれを助けることだった。子どもたちに不足しているものは何もない。問題はどのようにしたら想い出せるかにある。そこには明言されていないが、人間という存在への信頼がある。同じ本でモンテッソーリは、教師のあるべき態度をめぐって次のように述べている。

私たちがしなくてはならないことは、子どもが自分で行動し、自分の意志を持ち、自分で考えることができるよう援助することなのです。これが精神に仕えることを選んだ者のとる道なのです。その信念どおりに精神のあらわれをむかえることができるのが、教師の喜びなのです。ここに本来のあるべき姿の子どもが生まれます。

同質の態度を強調したのがソクラテスであり、プラトンだった。ソクラテスが哲学を叡知《えいち》の助産術にたとえたことはよく知られている。プラトンにとって哲学とは、未知なるものを知ることではなく、すでに知っていることを想い出すこと、「想起《アナムネーシス》」することだった。

モンテッソーリやプラトンにとって教育とは、ある思想によって人間を作り変えることではなく、その人自身を顕現させる営みだった。さらにいえば、内在する完全性の発露を促す行為にほかならなかった。それは、「本来のあるべき姿の子どもが生まれます」との一節が鮮明に物語るように、ある種の新生を促すことでもあった。

なぜ、自分が物を書くようになったのか、最近、ふとそんなことを考えることがある。

人生を変えるような本に出会ったからだ。あるいは、自分もまた、そうした言葉の歴史に連なりたいと思ったからだ、などと思っていたが、おそらく違う。私も幼いとき、すでに「書くことの爆発」を経験していたのである。

モンテッソーリの文章を読みながら、そうした自分の姿がまざまざとうかびあがってきた。そして同時に、木でできた、ひらがなが彫り込まれたおもちゃのみぞをなぞった触感が、半世紀の時間を超えてよみがえってきたのである。

言葉にふれる

幼稚園では、本を読んで文字を覚えたのではなく、指でなぞることで身体化した。幼いころから通った教会では、『聖書』を読めるようになる以前から、誰かが朗読する言葉を全身に浴びた。振り返ってみると、そもそも言葉は文字や声といった感覚可能なものであるとは限らなかった。それは目には見えない意味のうごめきだった。言葉は私にとって「読み」、「書く」ものである以前に、さまざまな意味で「ふれる」対象として現れた。

心の琴線にふれる、というように意味はしばしば、心に「ふれる」。何も特別なことではない。それが私たちの日常だろう。

だが、文字は目で見、声は耳で聞き、意味は脳で認知する。それが、およそ学校と呼ばれる場所の常識だった。そのいっぽうで、学校から一歩外に出てみると、子どもは意味を認識するのは脳だけではないことにすぐに気がつく。

「ふれる」という行為を通路として、言葉との関係を築いてきた者にとって、もっとも苦手な科目が「国語」だった。それは小学校から高校まで一貫して変わらなかった。高校受験も国語の成績が悪くうまくいかなかった。大学受験も国語があった大学はすべて落ちた。

入試が終わると新聞などに解答が掲載され、答え合わせをする。このときほど絶望的な気分になることはなかった。長文読解が悉《ことごと》くうまくいかない。どんなに贔屓目《ひいきめ》に見ても何か欠落があるとしか思えない。それほどに不正解が続く。

あるときまで、その理由が分からなかったが、遠藤周作のあるエッセイを読んだときにまさに腑《ふ》に落ちた。文字を読むだけでなく、そこに明示されない何かを必死に読んでいたのである。「ある年齢から——そして小説家という仕事のお蔭で、私はすべてのものの底にはいろいろなものが重なりあってかくれていることに少しずつ気づきはじめました」と書いた後、遠藤は次のように言葉を継いだ。

私は、作庭術は専門外ですが、地上に露出している庭石は、石のほんの一部分だけで、地面の下にはもっと大きな部分がかくれていることを庭師から聞いたことがあります。そしてその根石があるために、地上に顔をみせている石の坐りも、落ち着きもいいのだ、と庭師は教えてくれました。
「小説だって同じだなァ」
とその時、思わず呟いたのを憶えています。

(『死について考える』)

試験は一定のルールのなかで行われる。そこには、紙に記された文字のみを読んで設問に答えよ、という不文律がある。

だが、私にとって試験であったとしても、目にする文章は、いつもある種の「作品」だった。それらは独り暮らす部屋で——高校時代から実家を離れて下宿をしていた――読む、あの世界の古典と同じ、文学や哲学の歴史に連なる「作品」だった。「作品」を読むときは、文字の「下」に何かを自分なりに読む。それは私の不文律だった。

さらにいえば、人と話しているときにも沈黙のなかに意味を感じようとしていた。だから、知命を超えても社交辞令は苦手だ。静寂による確かなつながりを塗りつぶすような悪癖をうまく遂行することができない。

「読む」とは目に見える文字の奥に、言葉にならない意味をくみ取ることである。だれに教わるでもなく、いつからかそう思い定めていた。教科書や試験問題、書店で偶然手にした一冊でもそれは変わらなかった。

だが、そうした読書法も誤りではなかった。先の言葉に遠藤は「小説家が特に注意して選んだ言葉や隠喩は、たんにそれだけの意味ではなく、根石とおなじような、その作品の要を暗示する内容を含んでいる場合があります」と述べ、こう続ける。

もし上すべりに表面だけ読むなら、きわめて日常的な平板な意味にしかとれませんが、何度もそこを読んでいただくと、もっと深い、時には思いがけない作者のテーマが秘められている表現だったとお気づきになるでしょう。庭とおなじように、小説も地面にかくれている部分や、石と石とのあいだの空間（小説の場合は行間）の緊張が大切なのです。

「行間の緊張」という言葉は、長く言葉をつむいできた人でなくては書くことができない。もちろん、それを文字で可視的に書くことなどできない。文字と文字のあいだに浮かび上がらせるしかない。

遠藤周作も愛読していた哲学者の井筒俊彦は、声や文字である言葉とは異なる意味の顕《あらわ》れを、「コトバ」と書いた。究極のコトバはあらゆる言葉を包み込む沈黙である。そして、遠藤のいう「行間の緊張」もまた、沈黙の顕現にほかならない。

目で読み、手で書くことによって認知できる言葉があるように、「ふれる」ことによって感じ得るコトバもある。むしろ、人生の秘義は、しばしばコトバによってこそ語られる。

今では、社会で生きていくのに必要な程度に言葉とコトバをどうにか感じ分け、使い分けることもできるようになったが、あるときまでは、圧倒的にコトバに優位性を与え、世界と向き合っていた。人の言ったことは忘れても、言わなかったことをはっきり感じることも少なくなかった。

もちろん、こんな態度で生活していると問題も起こる。それでも自分の特異性に不満は感じなかった。それほど世界は意味の豊かなコトバに満ち溢《あふ》れているように感じられた。

自然や物も「知る」対象であるよりも「ふれる」べき何ものかだった。さらにいえば、心によって共振と共鳴を確かめる生の同伴者だった。

このことがもっとも実感できるのは書物と出会うときである。幾人かの書き手には、その本を読む前に、ある衝撃を感じ取っていた。石牟礼道子《いしむれみちこ》の『苦海浄土《くがいじょうど》　わが水俣病』や須賀敦子《すがあつこ》もそうだった。ともに読む前からそのページをめくれば、人生が変わるような衝撃を受けることが分かっていた。

事実、そうなった。彼女たちから学んだ最も大切なことは闇を生き抜く態度だった。闇の奥に光を見出《みいだ》すことだった。

生きる態度が物語るコトバは、しばしば語られた言葉よりも強靱《きょうじん》である。その刻印は頭ではなく、むかしの人が「たましい」と呼んだ場所に記されるからである。

感じるものの彼方《かなた》へ

初期ドイツ・ロマン派を象徴する人物の一人にノヴァーリスがいる。小説『青い花』の作者といった方がよいかもしれない。本名はフリードリヒ・フォン・ハルデンベルクという。一七七二年に生まれ、一八〇一年、二十八歳で世を去った。

「ノヴァーリス」はラテン語に由来し「新しい土地の開墾者」を含意するとノヴァーリスの研究者・今泉文子は書いている。

彼は文学者であり、哲学者でもあった。さらに科学においても秀逸な知識と世界観を有していた。詩と哲学と科学が一なるものとしてはたらく地平に彼は生きていた。その新しい場所へと人々を誘《いざな》うこと、それが自らの使命であると彼は信じた。「ノヴァーリス」という名がそのことを静かに物語っている。

ロマン派を一言で定義するのは難しい。だが、この精神潮流に連なる人たちにとって世界は、感覚可能な次元でだけでなく、それを超える地平につながるものだった。目に見え、手にふれ得るこの世界の彼方《かなた》に、もう一つの「存在の開《ひら》け」を感じていた。

多くの人は、感覚的世界を現実と呼んで疑わない。しかし、ロマン派の人たちにとっては目に見えず、手にふれ得ない世界こそ実在だった。それを信じていたのではない。それをまざまざと感じるのが彼らの日常だった。

こう書くとロマン派の人たちが変わり者に映るかもしれないが、けっしてそんなことはない。古くはプラトンに始まり、アウグスティヌス、エックハルト、十字架のヨハネ、そしてゲーテ、あるいはウィリアム・ブレイクに至るまで存在世界が多層的であると語った人は少なくない。そこには浄土を語って止《や》まなかった法然、親鸞《しんらん》に始まり、柳宗悦に至るまでの人たちを加えてもよい。

彼方の世界の呼び名も一様ではない。プラトンは彼方の世界をイデア界と呼び、アウグスティヌスは神の国と呼んだ。彼らにとって生きるとは、その彼方の世界へとつながる道を見出《みいだ》すことにほかならなかった。そこにこの生涯を生き抜く意味があった。

ノヴァーリスの言葉に最初にふれたのは、染織家で随筆家の志村ふくみさんの著作『一色一生』においてだった。そこで彼女は次の一節を引用している。

すべてのみえるものは、みえないものにさわっている。
きこえるものは、きこえないものにさわっている。
感じられるものは感じられないものにさわっている。
おそらく、考えられるものは、考えられないものにさわっているだろう。

この一節をめぐっては幾度か書き、そして、数えられないほど語ってきた。それは数多くある引用句の一つではなく、ほとんど祈りのようになって私の心に刻まれている。困難にあるとき、あるいは迷いにあるとき、ふと、この一句が心の深みから浮かび上がってくる。

希望は目に見えない。しかし、私たちは挫折や試練を経験することによって、かえってそれにふれることがある。希望が見えないことと、それが存在しないということは同じではない。むしろ、目に見えて明らかな試練が、見えないが確かな希望への扉になることもある。

亡き人の声はもう、耳には届かない。そして、記憶されていた声が次第に薄れていくことに恐怖を感じることすらあるだろう。そこにある種の罪悪感を覚える人もいるかもしれない。しかし、私たちはいつしか、亡き者たちが沈黙を通じて語りかけているのを理解するようになる。独りでいるとき、風が訪れるように沈黙の意味が自らを貫くのをはっきりと認識するようになる。

あの日、あの人と経験した、あの大切な出来事も、時間の経過とともに消えていくように感じられ、そのことに耐えがたい苦痛を感じることがあるかもしれない。しかし、人はいつしか、消えゆくように感じられる時間の世界の奥に、永遠、あるいは悠久と呼ばれてきたもう一つの地平があることを経験するようになる。

人はこれまで、人類を超え、万物を司《つかさど》る存在を、さまざまな呼称をもって表現してきた。ある人はそれを「無」と呼び、別な人は「有」であるといった。この世でおよそ量化されるものと無関係な存在、思考の彼方に在る者だと語った。ある人はそれを超越者といい、ある人は無限者と呼ぶ。絶対者という名を与える人もいる。人間は考える力だけでは「その者」に近づくことはできない。むしろ、考え得ないという道程においてこそ、それと出会う。考えることの先にではなく、その奥で遭遇するのである。

先の一節のあとに、志村さんはこう言葉を続けている。

本当のものは、みえるものの奥にあって、物や形にとどめておくことの出来ない領域のもの、海や空の青さもまたそういう聖域のものなのでしょう。この地球上に最も広大な領域を占める青と緑を直接に染め出すことが出来ないとしたら、自然のどこに、その色を染め出すことの出来るものがひそんでいるのでしょう。

自然という言葉を現代人は、外的な存在として認識する習慣を身に付けてしまった。人間もまた、自然の一部であることを忘れていった。そして、人間には内界というもう一つの宇宙があるのを見過ごすようになっていった。

「本当のもの」と志村さんが呼ぶものは、外界を探しても見つかるまい。その扉は私たちの内にあるからだ。ただ、その扉はどんなに大きな力をもってしても開けることはできない。それが開くのは、その人の心の奥、先に名を挙げた神秘家たちが「魂」と呼ぶ場所から発せられた言葉によってのみなのである。魂の言葉はしばしば、言葉にならない。それはあるとき、神のほか誰も聞くことのない呻《うめ》きとして顕《あらわ》れる。

人が苦しみの彼方に光を見出すのは偶然ではない。人生における暗夜の経験とは、悲痛と苦悩の経験であるだけではなく、闇をはるかに超える光の存在を告げる出来事なのである。

完成を超えた未完成

ある本を読んでいたら、ノヴァーリスには完成された小説はない、という記述に出会った。ある意味では素朴な事実で、ドイツ文学の研究者にとって常識といってよいことなのだろうが、私にとっては、文学史上の事実とはまるで異質な、ある意味では自らの文学観を根底から揺るがすような出来事になった。完成を超えた未完成が実在することを改めて知ることになったのだった。

文学は言葉の芸術である。色と線が絵を生むように、音と沈黙が音楽を生むように、言葉と余白が文学を生む。文学とは言葉のちからによって、この世に美を顕現させようとする試みにほかならない。ただ、ここでいう美とは、教科書らしきものに記述されているいわゆる美的なものではない。それは小林秀雄が「モオツァルト」で語るように、美は「現実にある一つの抗し難い力」であり、「普通一般に考えられているよりも実は遥かに美しくもなく愉快でもないもの」であることには留意する必要がある。

美は完成されたものだけでなく、未完成なものにも宿る。むしろ、未完成なものにこそ、という現実を私たちは経験的に知っている。

ある者は、顔や手が失われたギリシアの彫刻に完成以上の何かを見る。幾百年の歳月を刻み、彩色を失った仏像に美ばかりか畏敬の念を抱く。一個の陶片に美を感じる者もいる。そして、ある者は、未完のまま終えることになった、ある者の生きた軌跡にさえも美しい何かを感じるだろう。

美は、作品が生まれたときに宿るとは限らない。種子がある時の流れのなかで発芽し葉を茂らせる木になっていくように、時のちからを借りて、美が熟していくことがある。作られたばかりの作品にはけっして見ることのできない不可視な年輪のようなものが美を表現する。

描かれたばかりの絵は新しく、時を経れば古くなる。だが、新しいものが美しく、古いものがそうでないとは限らない。古くなるごとに深まる美も存在する。民衆によって作られ、民衆の生活のなかで用いられた雑具には、飾られるためにだけ作られたものとは別種の美が宿る、と柳宗悦は考えていた。考えたというよりも、それが彼の発見だった。そうした品々を柳はあるときから「民藝《みんげい》」と呼ぶようになる。民藝は作られたときに生まれるのではない。それは用いられることによって民藝になっていく。人間の寿命をはるかに超えた歳月を経て、内なる美を開花させるものもある。

同質なことは言葉においても起こる。ノヴァーリスは生前、著作を世に送ることはなかった。雑誌に幾つかの作品を掲載しただけだった。彼の言葉が書物に収められるのは亡くなった翌年、一八〇二年、友だったF・シュレーゲルと小説家ティークによって二巻の遺稿集が編まれるまで俟《ま》たねばならなかった。

ノヴァーリスは未完成の小説のほかにいくつもの断章を残した。数行の短文だが、そこにはいたずらに長く書く以上の真実がほとんど光のような姿をしてほとばしりでている。断章は完成されることのない言葉だといえるかもしれない。それは永遠に曲になることのない妙なる音律を思わせる。ある断章で彼は、自己を把握することをめぐってこう記している。

自分をあますところなく把握するということはけっしてないだろうが、把握するよりもはるかに多くのことをなすだろうし、なしうるのだ。

（「花粉」今泉文子訳　岩波文庫）

人は、考えていることを書くだけではない。むしろ、書くことによって何を考えているのかを知るのである。そして、書くことによって、己《おの》れのうちにあって、言葉になり得ない、しかし、確かにそこにある叡知《えいち》の存在を確かめるのである。

同質のことは「書く」だけでなく「生きる」ことにおいてもいえるだろう。「夜の讃歌」と題する作品でノヴァーリスは、生きるとは、彼方の世界へと向かう巡礼の途だという。

彼岸へとわたしは巡礼の途をゆく、
するといかな苦痛も
いつの日か、快楽《けらく》の疼きに
変わるだろう。

（今泉文子訳　岩波文庫）

巡礼は彼方の世界でも続く。この世の生が未完成であることは避けられない。それが宿命だというのである。

ノヴァーリスにはゾフィーという名の婚約者がいた。だが彼女は一七九七年三月、十五歳のとき、病のために亡くなってしまう。先の一節を含む作品「夜の讃歌」は、死者として新生したゾフィーとの新たなつながりを軸にした詩篇だった。ゾフィーが亡くなって五十六日が経ったある日、ノヴァーリスは、生者ゾフィーとはまったく異なる実在を、新生した彼女を前にはっきりと感じる。その日のことを記した日記にノヴァーリスは次のような記述を残している。

夕方、ゾフィーのもと〔墓〕へ行った。そこで言うに言われぬ喜悦を覚えた——閃くような恍惚の瞬間——眼前の墓を塵のように吹き飛ばした——数世紀がまるで数瞬のようだった——彼女がそばに居るのがまざまざと感じられた——彼女はこれからはいつでも現れるはずだと思った——

(『ノヴァーリス作品集』第3巻 今泉文子訳)

ある人はこうした経験を、悲嘆に苦しむ者の幻覚にすぎないというだろう。ノヴァーリスが視《み》たのも、ある種の幻だったともいえる。しかし、彼にとってその幻は、この世で経験するどんな現実よりも確かなものだった。

「夜の讃歌」を書くことでノヴァーリスは、個に起こった経験を人類の経験に昇華しようとした。「わたし」の出来事を「わたしたち」のそれへと変貌させようとしたのである。

彼の試みは無駄ではなかった。この作品が今もなお、読み継がれていることがそれを証明している。そして、愛する者を喪《うしな》ったあと、この作品によって亡き者たちとのつながりを確かめ、諦めかけていた生を再び生き始めた者すらいるだろう。そのことに疑いはない。私もまた、そうした者の一人だからである。

知ると識《し》る——自由について I

自由とは何かを明言するのはむずかしい。たとえば、自由の定義とは何かとたずねられても、答えに窮する人も少なくないだろう。

状況は思想家と呼ばれる人たちにおいても同じで、自由論は、古くから、そして今もなお、探究され続けている永遠の主題の一つになっている。

だが、不自由とは何かと聞かれたらどうだろう。状況はまったく異なってくるのは容易に想像できる。多くの人が、一晩を費やしても語り尽くせないほどの経験を胸に宿しているのではないだろうか。奇妙なことだが、自由とは何かを語ることに消極的な人も、じつに積極的に自らの不自由を語る。そして、いかに自分にとって自由が重要かを語る。それが現実なのである。
この状況が示しているのは、語り得ないことも、私たちはそれを深く経験しているという厳粛な事実だ。不自由の経験は自由とは何かを認識する、もう一つの道なのである。より精確にいえば、不自由とは、自由とは何かを考える、重要な契機にほかならない。鈴木大拙《だいせつ》が『無心ということ』のなかで、不自由と自由との関係をめぐって興味深いことを書いている。「ある哲人」の書にあったと述べつつ、こう続けた。

……大人になると、あちらに気兼ねをし、こちらに気兼ねをして、いわゆる社会的制裁というか人間的拘束というか、そういう鎖や手枷《てかせ》足枷の中に閉じ込められてしまう。それで天から与えられた、ほんとうの自由の気分で、ものをつくってゆく心持というものが年々に消耗してしまう。つまり人間としてもっているところの力が、ますます擦りへらされてゆくということになる。いつもおじおじして、ただほかの人と同じように、つまりどん栗の背くらべをしてゆかなければならないようになり、汲々《きゆうきゆう》としてあちらを潜り、こちらを潜って、ただ人と同じからざらんことをこれ恐れている。

この一節を読みながら、自分のことが書かれていると感じる人は少なくないのではないだろうか。世にいう大人になるとは、世間の常識に縛られることであり、天与の自由を手放していくことにほかならない。そして、いつしかわが身を擦り減らし、いつしか自分と誰かを比べるようになり、そのいっぽうで、誰かと同じではないことに恐れも感じている、というのである。

大拙のように自由とは何かをめぐって哲学書を書ける人は限られている。しかし、多くの人は哲学を生きているのである。不自由を感じるのは、自由とは何かを語り得ないとしても、知っているからである。

「知っている」というよりも「識《し》っている」と書くべきなのかもしれない。「あたま」で知ることに対して、経験を通じて体得することを「識る」という。むしろ私たちは、経験によってこそ何かをより確かに「識る」。先日、空海の著作を読んでいたら「識る」と書いて「さとる」と読ませている箇所があり、なるほどそういうことかと深く感じいった。

「知」と「識」が一つになって「知識」になる。仏教でこの言葉は、友人、あるいは同志を指す。そして、のちに高徳の人を「善知識」と呼ぶようになった。たしかに、友を得るためには「知」と「識」が一つにならなくてはならない。だが、SNSが好例であるように現代社会では、友を探すことすら「知」が先行しているようにも感じられる。

現代人は「知る」ことに忙しい。大学などで話していると、「知」の場所で汲々としていて、もう「識」の世界を忘れたのかとさえ感じることがある。しかし、学ぶとはそもそも、「知」に留《とど》まらず「識」の地平へと進もうとすることなのではないだろうか。事実、かつては逆の道を往《ゆ》く人がいた。「知」だけでなく「識」をこそ重んじたのである。

江戸時代の儒学者に伊藤仁斎《じんさい》という人物がいる。世の人の多くが立身出世のために儒学を学ぼうとするなかで、仁斎は、市井の人に向かって、よりよく生きるために儒学を講じた。もちろん、仁斎のもとに集まった人の眼中にあるのも、立場や収入を得る方法などではない。人生とは何か、自分とは何かという謎と、真正面から向き合うために学んだのである。

小林秀雄は仁斎を敬愛していた。小林はしばしば仁斎にふれているが、仁斎にとっての「読む」という行為をめぐって、「知」と「識」の差異をありありと描き出している印象的な一文がある。『論語』は仁斎にとって、単なる古典ではなかった。彼にとってそれは「最上至極宇宙第一」の書だった。『論語』の注釈書である『論語古義』のはじめに仁斎は、「最上至極宇宙第一」という文字を書いては消しを繰り返した。そうした仁斎の境涯にふれ、「彼の心はきっとこんな具合に動揺していたに違いない」と小林は書き、こう続けている。

論語が聖書である位なことは、誰でも知っている、子供でも知っている、だが、本当に知っているか。自分〔引用者注：伊藤仁斎のこと〕が、数十年来、論語を熟読して来た経験によれば、論語を「学ンデ知ル」ところと、論語を

「思ツテ得ル」ところとは、まるで違った事なのである。

（「弁名」『考えるヒント2』）

儒教において孔子は、聖人とされる。彼の言説だけでなく、その生涯によっても、「聖なるもの」とは何かが体現されている、というのである。あるとき孔子は語った。「君子は器ならず」、君子は「器」のような限定された存在ではない、というのである。聖人としての孔子、それは真の意味における「自由」を生きた者の姿だったといってよい。

『論語』は孔子と彼に関係する人たちの言行録だが、そこで述べられているのも「知」に留まることなく、「識」の地平で生きることの意味だった。もちろん、仁斎にとって『論語』は、「知る」対象ではなく、「識る」べきものだった。むしろ、「知ろう」とする心を鎮め、「識る」という営みが起こらねば、一文字も真に理解することはできない、そうした存在だった。

仁斎にとって『論語』は、ある意味で、不自由極まりない経験を強いられるものでありながら同時に、その先にこそ、自由と呼ぶべき何かを見出《みいだ》せる扉のような叡知《えいち》の遺産だった。

ほんとうの自分に出会う——自由について Ⅱ

「自由」という言葉には、さまざまな歴史が潜んでいる。自由に限らない。言葉とは意志伝達の手段であるだけでなく、さまざまな現象の貯蔵庫でもある。

ある人にとって「自由」とはかけがえのないものなのだろうが、別な人にとってそれは放埓《ほうらつ》や無責任の代名詞なのかもしれない。そこにどんな意味を読むかも一様ではない。人は、それまでの経験によって言葉に意味を感じ取っている。

今日、私たちが通常用いている「自由」は、明治時代、西洋文化との関係を深めていくなかで定着したfreedomやlibertyの訳語としての「新しい」日本語である。「新しい」と括弧に入れなくてはならないのは、「自由」という言葉そのものが、明治以前、それも千年以上前から存在するからである。

翻訳文化論で優れた仕事を遺した柳父章《やなぶあきら》の『翻訳語成立事情』によると、「自由」という言葉は五世紀に記された『後漢書』にすでにあり、『徒然草』にも見え、仏教、キリシタンの文献にも見られるという。仏教辞典を調べると、鎌倉時代の僧、明恵《みようえ》もこの言葉を用いている事実に出会う。

明治時代にはさまざまな翻訳語が誕生したが、「自由」はそのなかでも、もっとも力をもった言葉の一つだった。ある言葉が、特定の意味で広く用いられるようになる。すると、その言葉にもともと宿っていた意味の深みが失われて行く場合がある。「自由」という言葉もそうした時代の洗礼を受けた。柳父の仕事はそうした意味の遺産を掘りかえそうとする試みでもあった。

さらに「自由」とは何かという哲学的問題になると、キリスト教における自由意志論やジョン・スチュアート・ミルの『自由論』、あるいは板垣退助の自由民権運動にも問題は広がってきて、語り始めれば際限がない。

ただ、ここで改めて考えてみたいのは、現代人が、ほとんど無反省に用いていている「自由」という言葉が、単なる身勝手や我がまま、あるいは無拘束な状態とはまるで違う地平を持つということなのである。

自由とは「自らに由《よ》る」こと、自己と深くつながることでもある。それだけではない。そこには自分を超えたものともつながっていく道さえも開かれていく。生活のなかで不自由を感じることがあってもよい。しかし、そこに留まり続けることに問題があるのは、自分とは何かという生きる手応えを見失いかねないところにある。

生きるとは、「答え」のない世界を「手応え」を頼りに歩き続けることにほかならない。しかし、不自由の境涯にあるとき人は、渇いた人が水を求めるように「答え」を欲する。たとえ、それがさらに渇きを強める塩水のようなものであったとしても、である。

自由であるとは、制限や制約が存在しない状態を指すのではない。人は、大きな制約があっても自由であり得る。それを証明した人はいる。第二次世界大戦中、ナチス・ドイツの強制収容所での生活を書いた『夜と霧』の著者ヴィクトール・

フランクルはそうした人間のひとりだった。

『夜と霧』と同時期に書かれた『それでも人生にイエスと言う』という講演録で、ある女性をめぐってフランクルは印象的な逸話を紹介している。

あるとき、私は、強制収容所で、以前から知っていた若い女性といっしょになりました。収容所で再会したとき、彼女はみじめな境遇にあり、重い病気で死にかかっていました。そして自分でもそれを知っていました。けれども、死ぬ数日前に、こう明かしてくれました。「私は、ここに来ることになって、運命に感謝しています。以前なに不自由のない生活を送っていたとき、たしかに、文学についていろいろと野心を抱いてはいましたが、どこか真剣になりきれないところがありました。でも、いまはどんなことがあってもしあわせです。いまはすべてが真剣になりました。それに、ほんとうの自分を確かめることができますし、そうしないではいられないのです」。

（山田邦男・松田美佳訳）

ここで女性が「野心」と語っている言葉を「成功」や「評価」に置き換えてみると、より身近に感じられるかもしれない。かつて、彼女は誰かに評価され、成功することが「答え」であり、より自分を自由にすると信じて疑わなかった。しかし、強制収容所という限界状況において、死を前にしたとき、まったく別な人生の地平があることを知った。全身全霊で真剣に生きるとき、人は「ほんとうの自分」に出会う。自分に「由る」ことができる、というのである。

この出来事、そして、この言葉に私たちが強く動かされている事実が示しているように、自己深化の経験は、次第に自分を他者にむかって開いていく。自分の深部にあるものとつながることが、他者とのつながりをより確かに感じさせるのである。『無心ということ』で大拙もまた自由をめぐって同質のことを語っている。

自由は人間としてのわれらがその本然に帰るとき自ら出て来るところのもの

である。この自由の出るようにするためには、すべてのものを払いのけ、二つの対立したものから脱け出してしまわないと手に入ることが不可能です。

自由とは、自分と他者という二分の世界を超えたところにある。他者に起こった事象を「わがこと」のように感じるとき人は、そこに真の自由を経験する、というのである。

世の中には、他者の目には困難にしか映らないことにわが身を投じる人がいる。ある人はそこに、ある種の義務感にかられた決断を見るのかもしれない。しかし、大拙のような人はそこに真の自由を見る。自由によって試練を選び取る者の姿を、そこにありありと見出すのである。

孤独のちから

多くの人が、何でもなさそうにやっていることができなかった。そんな経験をしたことはないだろうか。

たとえば、幼い頃、どうしても靴のひもが結べなかったとか、どうしても忘れ物をしてしまうとか、あるいは、学校から親に渡すように伝えられた書類をどこかに失《な》くしてしまうとか。私は、このほかでも多くのことで、不如意な経験を積み重ねてきた。

今も印象が鮮やかなのは、小学生のとき、4÷2が2であることが、どうしても合点がいかなかったときのことだ。あのときの孤独感は忘れられない。孤独というよりも孤立といった方がよい。

人は、選んで孤独の時間を作ることがある。独りでいなくてはできないことも少なくない。

今、私がこうして文章を書くことも、じつは孤独が基盤になっている。本を読むためにも、そして祈るときにも孤独が必要だ。だが、孤立を選ぶ人はいない。むしろ、意図的に選んだ時点で、それは孤独と呼ぶべきなのだろう。孤立の経験は、突然やってくることもある。

割り算ができない自分に気がついたとき、自分の世界とほかの人の世界が、異なる色の時空のように感じられた。私だけが青く冷たいものに包まれ、ほかの人は暖かな、文字通りの暖色の場にいるように思われたのを今でも鮮明に覚えている。

孤立の世界は冷たい。人を長くその世界にいさせてはいけない。

今では靴のひもも結べるし、割り算もできる。ただ、人がすぐにできることに数倍のエネルギーを費やさねばならないことが少なくないのである。サラリーマン時代の上司にそれに類することを言われた。

「お前は、ときどき面白いことをするが、どうしてみんなができることができないんだ」

上司は笑いながら、半分、諦めたような様子でそう言った。

「諦める」は「明らめる」とも書く。「諦」と「明」は似て非なるものではなく、むしろ、極めて近しい意味を持つ。

現代人は何かを途中で止《や》めることを諦めるという。だが、「諦」は真理を意味する。仏教でいう「四諦《したい》」は四つの真理を指す。

できないことが多いから、いろんな人に助けてもらった。助けを求められて嫌な顔をする人は意外と少ない。できることを人に話す、あるいは人を助けることによろこびを感じる人は少なからずいる。

だが、それとは別な側面も見てきた。じつは、多くの人が大きな問題を抱えている。しかし、それを口にするのを恐れ、何事もないかのように業務を遂行する。そんな場合が少なくない。端的にいえば、ほとんど意味がない業務でも、そのことを誰も指摘しないために延々と続くのである。

こうした組織がどうなるかは改めていうまでもない。問題だけが潜在的に山積みになるだけでなく、表面をとりつくろい、互いに欠点を隠すようになるから信頼も生まれない。当然のことながら結束が弱くなる。そこにどんなに優秀な人間がそろっていても、である。

今では文章を書くことを生業《なりわい》にしているが、十五年以上、文字通りの意味で書けなかった。一文字も書かないというのではないが、わが身を賭すような作品を生み出すことはできなかった。

書いたものが初めて雑誌に掲載されたのは一九九一年の春、二十二歳のときだった。その次——二、三の書評は別にして——に作品が掲載されたのは二〇〇七年の春だった。

いつか書けなくなるのではないかという思いは、今も消えない。しかし、そのいっぽうで、書けない、と感じたときは書ける、という奇妙な手応えもある。

だが、書けなかった十五年間、私はずっと書けると思っていた。そう信じ込もうとしていたし、近しい人にもそう語ってきた。

書けないという潜在的な恐怖に飲み込まれると人は、それに耐えきれず、書けると思い込もうとする。しかし、その試みが成功しても、作品の主題がどこかから浮上してくるわけではない。書けるような気がしているだけだから、本質的な進展はまったくない。

いっぽう、書くことだけではないようにも感じているが、できないと感じるとき、人は何か得体の知れないものと向き合っている。だからこそ、その場所から逃げさえしなければ、道は自《おの》ずと開けてくることが少なくない。それは、毎日、夜が明けていくように自然なことのように感じられることすらある。

このとき人が求められているのは、何かを「する」ことではなく「待つ」ことだ。言葉と自分とのあいだにつながりが生まれるのを待つ。私の場合、それに十五年という歳月が必要だったのではない。書けないという自分を認めることさえできれば、翌日からペンを握れたのかもしれないのである。ただ、書けない自分を受容するのに十五年という短くない歳月が必要だった。

できないことを認めるのは、恥ずかしいことではない。それは、ありのままの自分と対話することであり、むしろ、自然なことなのだ。このときも人は、孤独であらねばならない。

日記体の創作という様式を確立したメイ・サートンという作家がいる。『独り居の日記』で彼女は、できないことをめぐって次のように書いている。

こうして私がひとりいる時こそ、花々はほんとうに見られている。心を注いでやれる。存在するものとして感じられている。花なしに、私は生きられまいと思う。

（武田尚子訳）

見つめるという素朴な営みでも、それが真に行われるときには独りでなくてはならない。サートンは、花と対峙《たいじ》するときに孤独のちからというべきものに出会った。

言葉に「葉」の文字が用いられているように、言葉はじつに植物とよく似た働きを持つ。

書けなかったあの十五年間、私は、独りで、己《おの》れの心中《しんちゅう》にある言葉を見つめることがなかった。言葉に向かって、どうかちからを貸してほしいと懇願するのを忘れていたのである。

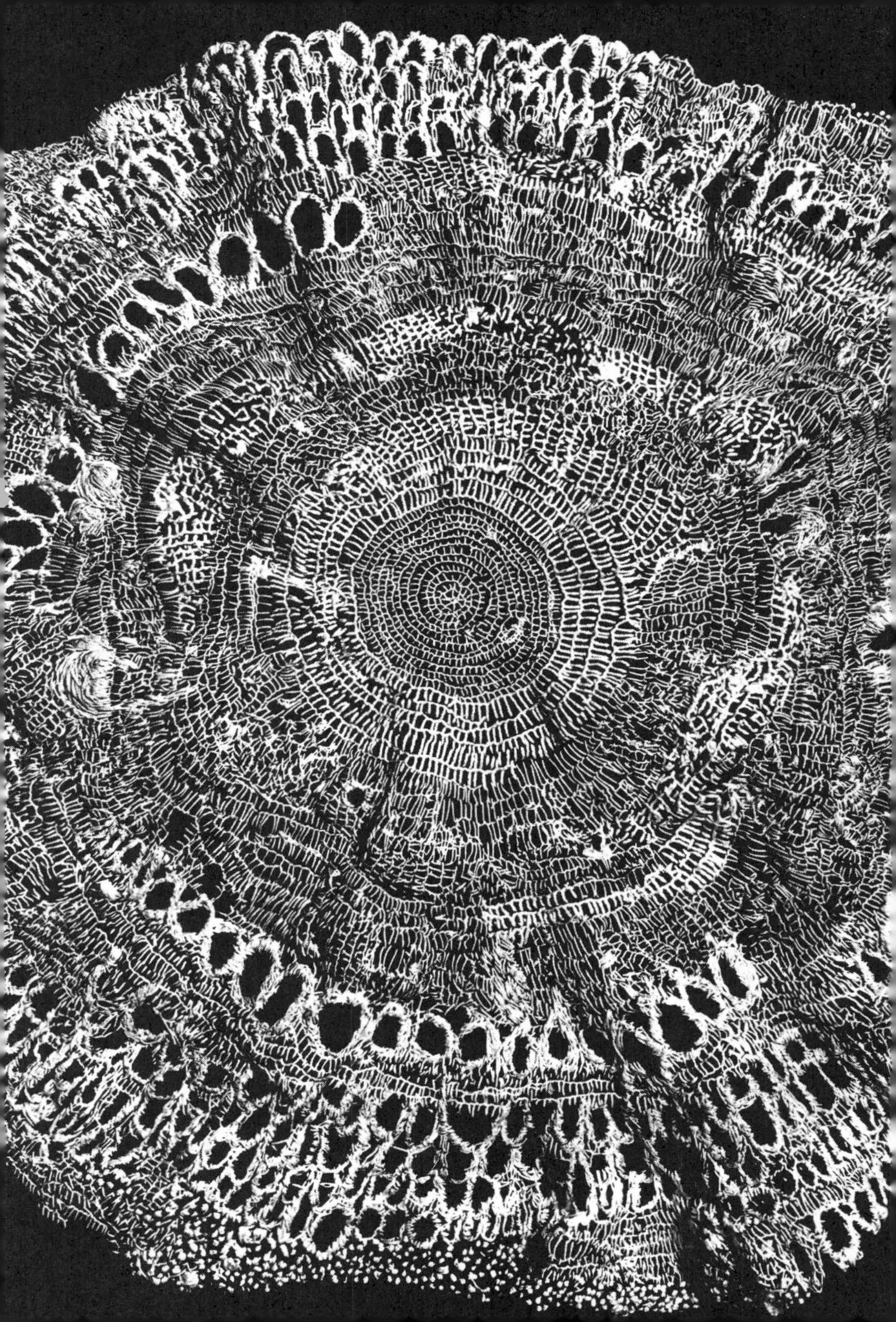

愛の対義語

現代では、いくつかの重要な言葉が用いにくくなっている。「神」は別にしても「愛」、「涙」あるいは「祈り」さえもそうかもしれない。

かつては「死者」もそうだった。百人百様の意見があるだろうが、よいことのはずがない。言葉には誕生の歴史がある。その言葉を封印するということは、誕生に至る連綿とした人間の営みに封をすることにほかならない。

ある文章を書いていたとき、誤解されるのを恐れて、愛という表現をほかの言葉に変えようとしている自分に気がついた。比喩や隠喩で記した方がよい場合もある。だが、そのときは違った。何ともいえない違和感があり、言葉を裏切っているような心地がした。

愛とは何かを語るのは容易ではない。この問題は古代ギリシアから今日まで哲学の最重要の問題であり続けている。『新約聖書』は、イエスの生涯と言葉を導きの光にしながら、愛とは何かを問うている書物だといってもよい。

仁愛という言葉がある。「仁」も「愛」もともに、孔子とその弟子たちの言行録である『論語』にある言葉で、前者が原理で、後者がはたらきを意味する。仁なき愛は存在しない。ただ、人は愛によって仁を知る。

『論語』には仁の対義語として不仁という言葉が出てくる。仁を宿した人が仁者で、仁を見失った人は不仁者と呼ばれる。

不仁者になる理由はさまざまあるが、その一つが「利」に溺れることだ。ここでの「利」は、いわゆる私利私欲だけでなく、何であれ自分だけに都合がよく、他者が見えていない状態を指す。

ただ「利」は「愛」の対義語ではない。「愛」のはたらきは「利」をはるかに凌駕《りょうが》する。愛の書である『新約聖書』を読んでいても、愛の対義語は明示されていない。愛がなければ虚しいということ、愛が究極のはたらきであることは述べられるが、その真逆になにがあるのかは容易には分からない。

日本語には愛憎という言葉があるように、ある人は憎しみだというかもしれない。しかし愛憎という言葉は、愛と憎しみは併存し得る、という人間の心の不思議さをいう言葉であって、対義語ではない。哲学者の池田晶子《いけだあきこ》は、愛とは、何かを分かろうとすることだと書いていたが、彼女にとって愛の対義語は無関心かもしれない。だが、ある人は、狭隘《きょうあい》な自負心だというかもしれない。ここで想起しているのはドストエフスキーである。

自負心が方向を見失うとき、人は自分を特別視するようになる。それは同時にある人たちを軽視することにつながる。ドストエフスキーの小説『罪と罰』の主人公ラスコーリニコフは、そうした狭隘な自負心と愛のあわいで生きた若者だった。

あるときまで彼にとって、生きるとは、狭隘な自負心を満足させることと同義だった。それだけが望みだった。それゆえ、ある老婆を殺し、彼女が持っていた財布を奪って逃げた。
この青年にとって重要だったのは、自分が正しいと思い込むことだった。自分は価値ある存在で、病気がちな老婆はそうではない。彼には夢ともいえない空想があった。そこでは彼はいつも世界に何かを貢献できる存在だった。

狭く、貧しい自負心は世界に高低差を見る。だが、中世の神秘家マイスター・エックハルトはそれとは正反対のことをいう。

等しさということは愛されるということである。愛の愛するものはつねに等しきものである。

(『エックハルト説教集』田島照久訳)

「いのち」が神の前に等しくあることなど、ラスコーリニコフは考えてもみなかった。すべてのものを等しくするはたらきが決定的に見失われていたのである。

だが、それは見失われたのであって、失われていたのではない。愛は消えない。

肥大化した自尊心が、愛のはたらく場所を奪っていたのである。

自負心の闇にいたラスコーリニコフに光がもたらされたのは、ソーニャという女性との出会いだった。貧しい家に生まれ、家族を養うためにわが身を売らねばならなかった女性。彼女はその身が世間の垢《あか》にまみれても、たましいの無垢《むく》を深めることのできた人だった。

小説の終わり近く、この男が罪を告白し、法で裁かれ、獄舎でソーニャと出会う場面をドストエフスキーはこう描き出している。


二人は何か言おうと思ったが、何も言えなかった。涙が目にいっぱいたまっていた。二人とも蒼ざめて、痩せていた。だがそのやつれた蒼白い顔にはもう新生活への更生、訪れようとする完全な復活の曙光《しょこう》が輝いていた。愛が二人をよみがえらせた。二人の心の中には互いに相手をよみがえらせる生命の限りない泉が秘められていたのだった。

二人はしんぼう強く待つことをきめた。

（『罪と罰』工藤精一郎訳）

愛とは、自己を新生させるものであるのかもしれないが、何よりも、他者の眠れるいのちの泉を照らし出すものであるらしい。

『罪と罰』は、翻訳で優に千ページを超える大長編だが、その最後になって、読者の前に置かれたのは、沈黙と涙と愛だった。この小説を真の意味で「読む」とは、登場人物の営みに沈黙と涙と愛という無音の三つの、言葉を超えたコトバを読むことだといってよい。

愛の対義語は、何であるかはよく分からない。ただ、言葉なき愛《かな》しみを生きるとき、人はそれを強く経験するのかもしれない。

たましいの燈火《ともしび》——たましいとは何か Ⅰ

「たましい」とは何か。そんなことをずっと考えている。答えがでないことは分かっているのだが、長く続く危機の時代にあって、「たましい」をはたらかせなければならない、そう感じることが多いからかもしれない。

ここでいう「たましい」は、先の戦争で叫ばれた大和魂《やまとだましい》とはまったく関係ない。また、どこかに浮遊するように語られることがある霊魂でもない。これから考えてみたいのは生きている者にとっての「たましい」である。

「たましい」ではなく心なら分かる、という人も少なくないだろう。だが、心と「たましい」を同一視はできない。ここでいう「たましい」は身体《からだ》と心をつなぐものでもあるからだ。

いくら頭で考えてもうまくいかない。心が固くなって、身動きも取れなくなってしまった。でも、覚悟を決めて動いてみたら、事が前に進んだ。そんな経験は誰にもあるのではないだろうか。

考えるのを止《や》めて、身体を動かしたのだ、ともいえるが、それは表層の説明に過ぎない。考えるのを止めても身体が動かないことは珍しくない。やはり「たましい」が身体を動かしたという方が自然なのではないだろうか。

覚悟というのは「たましい」が関係しているように感じる。自分とは誰かに目覚めるのも、自分とは何者かを悟るのも、「たましい」の営みなのではあるまいか。

祈念、念仏、あるいは念力というときの「念」は、意識ではない。やはり「たましい」だといった方がしっくりくる。

むしろ、「念」がはたらくとき、意識はあまり激しく動かない。ある静けさの中にある。

「たましい」のはたらきが弱くなると自分が見えにくくなるようにも感じる。逆に、「たましい」の力がよみがえったとき自分への信頼を取り戻せる。私たちはそれを自信と呼ぶ。

さまざまな顔を持つ私を一個の「わたし」に束ねているもの、人がその人である主体、それを「たましい」だといってもよいのかもしれない。主体性のない態度、主体性のない言葉などは「たましい」がはたらいていない状態である可能性がある。

「たましい」などない、ということもできるが、やはり「たましい」がなければ、けっして起こらないこともあるように思われる。

大学で教鞭《きょうべん》をとるようになったことも「たましい」とは何かを考える契機になった。学びの現場から「たましい」が追放されているように感じたからである。

今日の日本の大学で「たましい」とは何かを語るようなことは、あまり起こらない。「たましい」についての諸説を語ることはできる。だが、それは「たましい」を実感するところにまではいかない。

また、講義は教師が考えていることを話せば成立するわけではなく、受け止める学生、あるいは大学の空気がそれを受け容《う》《い》れていなければ実現しない。「たましい」がはたらくのに特別な空間はいらない。だが、ある気の流れのようなものは必要なのかもしれない。聖堂と呼ばれる場所や芸術が演じられる場は、こうした気が整えられているようにも感じることがある。

また、「たましい」は「あたま」だけでは理解できない。それは人と人が共振し合うところに浮かび上がる。「たましい」は共鳴を本性とする。自信の回復とは、自分という存在と共鳴を取り戻すことなのかもしれない。

学ぶとは、二つの「たましい」のあいだに共鳴の火を灯《とも》すことである。哲学の祖プラトンはそう感じていた。彼は、政敵によって殺された愛弟子《まなでし》の遺族に宛てた手紙で、哲学の精髄は言葉によっては表現し得ず、「たましい」から「たましい」に伝わるほかないと書き送っている。

「そもそもそれは、ほかの学問のようには、言葉で語りえないものであって」、とプラトンは述べ、こう続けた。「それ」こそ、哲学の精髄にほかならない。

むしろ、〔教える者と学ぶ者とが〕生活を共にしながら、その問題の事柄を直接に取り上げて、数多く話し合いを重ねてゆくうちに、そこから、突如として、いわば飛び火によって点ぜられた燈火のように、〔学ぶ者の〕魂のうちに生じ、以後は、生じたそれ自身がそれ自体を養い育ててゆくという、そういう性質のものなのです。

（「第七書簡」長坂公一訳『プラトン全集14』）

プラトンの書簡によると、「たましい」と「たましい」がつながるには、ある種の真摯さと信頼が不可欠のようだ。生活を共にし、話し合いを重ねていくというのも、そうした関係の樹立を準備することを指すのだろう。

そして、「たましい」の目覚めは突然起こる。それは、暗がりに火が灯るように生起し、その燈火《ともしび》は消えることなく、その人の「たましい」を照らし続ける、というのである。

先の一節に記されていたのは、プラトンと弟子たちとのあいだのことだったかもしれないが、同時にプラトンが、師ソクラテスから何かを受け継いだときの実感でもあったのだろう。

ソクラテスは亡くなったあとも、プラトンの「たましい」で不滅の燈火として存在し続けていたのである。そうでなければ、プラトンの「対話篇」であれほどありありとソクラテスが語ることもなかっただろう。私にも同様の経験はある。私が愚かだからだろうが、「たましい」に火を注がれていたことを四半世紀も見過ごしていた。これを書きながら、胸のうちで師の言葉、師の姿、師の生涯を思い直している。

師とは井上洋治《いのうえようじ》というカトリックの司祭である。

もう一つの視線 ——たましいとは何か II

「たましい」の本質を見極めようとする営みは、プラトンにとっては最重要の問題の一つだった。この問題は、二千数百年を経て、なお受け継がれている。そして現代に至ってそれはようやく一つの学問になった。心理学である。

少なくとも語源からいえば、心理学は「たましい」の学である。心理学psychology《サイコロジー》の語源であるギリシア語のpsyche《プシュケー》は、「たましい」を意味するからだ。もしも、心理学が「たましい」の学であるなら、世界の各所で「たましい」は講じられ、研究されているはずである。だが、必ずしもそうとはいえない。「たましい」の存在を認めない心理学者も、日本には少なくないのかもしれない。

もちろん、賢明な知性がこの名称と実際の矛盾に気がつかないわけがない。ある人たちは意識の学になってしまった心理学を再び「たましい」の学に立ち戻らせようとした。その試みによって、もっともよく知られているのがユング心理学の祖カール・グスタフ・ユングだ。ある意味ではユングにとって、人間の意識を研究するとは、「たましい」の現象を探究することにほかならなかった。

日本に本格的にユング心理学が紹介されたのは、一九六七年に刊行された河合《かわい》隼雄《はやお》の『ユング心理学入門』が契機になった。河合隼雄はすでにこの最初の著作で、意識とも心とも異なるものを「たましい」と呼んでいる。ただ、彼が「たましい」と頻繁に書くようになるのは、一九八〇年代の中頃以降である。『宗教と科学の接点』(一九八六)の第一章が「たましいについて」であることがそれを象徴している。

『ユング心理学入門』から二十年を経て、やっと正面から「たましい」とは何かを論じられるようになった。

『宗教と科学の接点』には、そうした河合の感慨にも似た内面の吐露に一度ならず遭遇する。先の大戦で「魂」という言葉が乱発され、多くのいのちが戦いの渦に飲み込まれていった。河合もその経験を決して見過ごさない。むしろ、強く警戒していた。「たましい」をめぐる二十年間の沈黙はそうした彼の思いを証《あか》している。この本で河合は、「たましい」は定義できないが、と断りながら、さまざまな主題を取り上げつつ、次のように「たましい」を考えるときの基盤にふれる。

たましいはもちろん実体概念ではない。それは時間、空間によって定位できない。しかし人間はたましいの作用、あるいは、はたらきは体験する。

河合によれば、私たちが現実と呼ぶ世界において、「たましい」はどこにあるのか、という問いは成り立たない。しかし、そのはたらきは、さまざまなところに確認できる。「たましい」とは実証的な事実ではなく、経験的事実であるというのである。

「事実」と「真実」を使い分け、自らの心情をしばしば語ったのが遠藤周作だった。遠藤と河合は、一九八〇年代から親しく交流し、互いに影響を受け、そして、与えた。遠藤の表現を借りれば「たましい」の出来事は「事実」として立証するのは困難だが、打ち消しがたい強度をもって「真実」として経験されることがある、といえるのではないかと思う。

河合がたずさわった心理療法の現場は「たましい」と「たましい」が対峙《たいじ》する現場だった。別ないい方をすれば、「たましい」を問題にできたところに河合隼雄の心理学の「いのち」があった。

河合は心理療法家になったときから、真の意味で心理療法が行われるためには意識の変化だけでは不十分な場合があることに気がついていた。そこにはどうしても「たましい」の関与、あるいは参与が不可欠になる。『心理療法序説』という著作で河合は、その現場における「たましい」のはたらきをめぐって、印象的な言葉を残している。

その方（クライアント、来談者）によると、最初の面接が非常に印象的だった。「先生は私の顔にも服装にも全然注意を払っておられなかった」、「私の話の内容にさえ注意しておられなかった」と言うのである。それでは、いったい何に注目していたのですと問うと、「私の話していることではなく、私の一番深いところ、まあ言ってみれば、たましいとでもいうようなところだけを見ておられました」。

カウンセリングに来た来談者《クライアント》は、話を聞く河合が、自分の言葉を聞いていたのではなく、ずっと「たましい」を凝視していた。何を語ったかではなく、言葉がどこから出てきていて、出てきたところがどのように動いているのかを見つめ続けた、という。

興味深いのは、このとき来談者が、「たましい」に注がれた、目でなく、心眼というときの「眼」による、もう一つの視線というべきものをはっきりと感じていることだ。

日常生活でも、私たちは見られている、と感じる場合がある。それよりもずっと直接的な、確かな感覚が、この来談者を貫いている。そして、そのことはこの人物を不安にするのではなく、ある深い安堵《あんど》を与えている。

この人物は、おそらく、他の専門家に話をしたこともあったのだろう。だが、そのときは自分の心しか視《み》てもらえなかったのかもしれない。苦しみは、心の奥にある。河合はそのことを見過ごさなかった、というのだろう。

先に引いた一節には、明示されていない謝意がある。こうしたとき人は自らの「たましい」を感じ直し、その眠れるちからを呼びさますのではあるまいか。信頼できる人がそばにいるとき、私たちの身体や心が目覚めるように、である。

人生の季節

人の出会いにも似て、本との邂逅《かいこう》も突然にやってくる。書架にあるだけではその本と出会ったとはいえず、知り合いに会ったに過ぎない。人との関係がそうであるように本もまた、思わぬときにその秘密を語ってくれるようなことがある。

吉田松陰（一八三〇〜一八五九）との関係もそうして生まれた。松陰自身の書物も彼をめぐって書かれた本も書架にあり、時折、読んでいたが、ある日を境に書物から彼の、無音の肉声が聞こえるようになった。むしろ、松陰にとって「書く」とは、その魂から生まれる言葉を超えたコトバを書き記すことにほかならないと実感されるようになった。

松陰は、長州に生まれた武士で、松下村塾をつくり、人を育てたことで知られる。高杉晋作や久坂玄瑞《くさかげんずい》、さらには伊藤博文や山縣有朋《やまがたありとも》のように明治維新を準備し、また、牽引《けんいん》した人物がこの小さな私塾から生まれた。

今日、松陰は、思想家の一人として歴史に記憶されているが、その生涯は、現代人が「思想家」という言葉から想起するようなものではない。彼の思想は書かれることによってだけでなく、生きることによって深まり、磨かれた。

松陰は、強いられた開国には断固として否を唱えた。だが、そのいっぽうで彼は一度ならず、海外への渡航を試みている。一見すると矛盾があるようだが、松陰には彼の理があった。

他者に学ぶべきものは学び、守るべきものは守る。松陰の信念ほどイデオロギーから遠いものはない。今日の言葉でいえば、真の自由を守るために何が必要なのかを真摯に考えただけだった。学ぶためには、異国に行かねばならない。彼はロシアの商船、アメリカの軍艦に乗り込もうとさえした。ともに成功せず、彼は自首して獄につながれる。

このときだけでなく、松陰は一度ならず獄につながれている。だが、そのときどきが彼の転機となった。そして、獄中で語られ、つむがれた言葉が彼の思想の核をなすものになっていった。

亡くなる前日、遺書を書く。松陰は『留魂録《りゅうこんろく》』と名づけられたこの文章で人生の季節をめぐって印象的な言葉を残している。

……人寿は定りなし。禾稼の必ず四時を経る如きに非ず。十歳にして死する者は十歳中自ら四時あり。二十は自ら二十の四時あり。三十は自ら三十の四時あり。五十、百は自ら五十、百の四時あり。

（全訳注　古川薫）

「禾稼《かか》」という言葉は、現代では見慣れない。「禾」は穀物、「稼」は収穫を意味する。意訳すると次のようになる。

人の寿命には定めがない。農業における収穫のように四つの季節を経なければならないということもない。十歳で亡くなる者にはそのなかに四季がある。二十歳で亡くなる者にも四季があり、三十歳で逝く者にも自《おの》ずから四季が備わっている。五十歳、百歳を生きる者にもそれぞれの四季がある。

十年以上も前になるのだろうか。季節感がなくなってきた、というつぶやきのような声を耳にするようになった。それは異常気象や季節外れの食べ物が日常的に買えるようになったことをめぐっての発言なのだが、それは生活上の季節だけでなく、内なる季節にも影響しているのかもしれない。

現代人は、人はいつかというよりも、必ず死ぬことを忘れて、いかに生きるか、ということだけを考えている。いつまでも春を待ち、夏を謳歌《おうか》できると信じている。

そして、いつしか人生の季節の移り変わりを感じることができなくなり、いつまでも前を向いて走り続けるほか生きる術《すべ》を失う。いつまでも「若い」ことが価値となり、それはいつまでも未熟であると同義であることを忘れるようになる。

時熟という言葉がある。時が熟するということだが、地平を人生に置き換えたとき、それは人生の秋、そして冬を経験することにほかならない。

『死について考える』という著作で遠藤周作は、シュタイナー教育の創始者として知られるルドルフ・シュタイナーの言葉にふれながら、人生の季節を経るとはつまり、自らの魂の声を聞くことであるという。


シュタイナーの言葉をここで思い出します。青年時代は肉体の季節、中年は心と知性の季節、そして老年は魂の季節。

魂は肉体や心の奥底にあって、本当の声を――いわゆる本音をついに出しはじめるようです。


時間という「量」のものさしで見れば人生には長短があるように見えるが、「質」において鑑みれば、どの人生にも四つの季節がある。人が経験しなければならないのは、時間の長さではなく、生の質だというのである。

時計で計られる時間は、経過を待つしかない。しかし、時熟という言葉は、時間とは異なる「時」を生きるとき、人はそれを深化することができることを教えてくれている。

松陰の生涯は、けっして長くなかった。しかし、あるときから彼にとっての人生は「時間」の世界で過ぎ行く現象ではなく、「時」の世界で深まるものとして実感されていたのではなかったか。誤解を恐れずにいえば、松陰の生は、この世を後にしてもなお、深化を続けているようにすら感じられる。

精神のちから

夏、椎間板のヘルニアになった。「ヘルニア」という言葉は知っていたが、それが何を意味するのかを知らなかった。

これまで感じたことのないような痛みに襲われた。激痛というよりも、予想がつかない神経の痛みで、行動の自由だけでなく、眠りが大きくそこなわれる。十二時間ベッドに身を横たえていても、眠れるのは一時間程度が四回ほどで、最後の一時間は眠るというより、疲労困憊《ひろうこんぱい》で眠るほかない、といった様子だった。

ヘルニアが厄介なのは、身を横たえているときに痛みがあることで、むしろ、足を引きずりながら歩いているときの方が、気もまぎれるくらいだった。当然のことながら、心は恐怖におびえ、生きる活力が奪われていく。身体《からだ》の病というよりも損傷なのだが、萎《な》えていったのは心のほうだった。

二週間ほどこうした時間が過ぎたとき、自分のなかで小さな、しかし、ある強度を伴う変化が起きた。

今は、どうあがいても身体は思うように動かない。どうしても時間による治癒が不可欠になる。動かないところを動かそうとすることではなく、気が付かないところで、動き続けているものに寄り添うほかない、という実感だった。このとき、改めて感じたのが「精神」のちからだった。

ナチス・ドイツの強制収容所での体験をつづった『夜と霧』の作者ヴィクトール・フランクルは優れた哲学者でもあったが、同時に精神科医でもあった。彼はあるとき、これから医師になろうとする人たちを前にして、身体と心の奥にある「精神」のはたらきをめぐって語った。

心理学が問題とする「心」の底に「精神」と呼ぶべき境域があり、医学は不可避的に「精神」にふれることになる。そのことをけっして忘れてはならないとフランクルは指摘する。人間は身体と心からなる、という人間観は十分ではない。その二つを支える「精神」を見過ごさないこと、それが医師の重要な責務だというのである。

さらにフランクルは、人が病むことがあるのは「身体」と「心」であって、「精神」ではない、と語った。

病気になるのは、この心身的なものであって、精神ではありません。このことはいくら強調しても、強調しすぎということはありません。なぜなら、精神病を心身的なものの「責めに帰する」のではなく、人格の責任に転嫁する者は、たやすく、「精神」病患者の人間性を否定する危険に陥るからであり、医師の倫理と矛盾してしまうからであります。

(『制約されざる人間』高根雅啓訳・山田邦男監訳)

ここでフランクルがいう「精神」は、私たちが通常「精神力」というときのそれではない。ドイツ語のGeist《ガイスト》は「精神」を指すと同時に「霊」を意味する。それは鈴木大拙が「日本的霊性」というときの「霊」、人間のなかに生きている内なる超越者にほかならない。

あの日、私を訪れた変化は、フランクルの言葉が思い浮かぶようにして起こったのではない。これまで以上に「精神／霊」とのつながりが感じられたあと、フランクルの言葉が静かに想起されたのである。

そこなわれていたのは「身体」であり「心」であって、「精神／霊」ではない、というのはある種の目覚めだった。

この事実は誰の身の上にも起こっている。だが、私たちはしばしば、病む身体や心を見つめ、それがその人の状態だと思い込む。もちろん、自分においても事は変わらない。つまり、「精神」のちからをくみ取る方法を忘れてしまっているのだ。

日常生活で身体の声が聞こえてくることがある。無理を続けていると、休めといってくることもあれば、激しく落胆しているときに、まず、食べろ、と促してくることもある。生きる気力を失った人が、一つのおむすびを食べたことを契機にもう一度立ち上がることすらある。

二〇一六年に亡くなった佐藤初女《はつめ》という女性がいる。青森県弘前市に「森のイスキア」という場所を開き、そこを訪れる人の声に耳を傾け、おむすびを差し出すという活動を続けていた。

彼女のもとを訪れるのは、行き場を失った、あるいは見失った人たちだった。自分が何に困窮しているのかすら、分からないという人もいる。

そうした人の声にならない「おもい」を、彼女が、語る言葉だけでなく、沈黙のなかにも読み取ろうとした。彼女は有益な助言をするのではない。むしろ、その人のなかにある無音の声に光を当てる。『いのちをむすぶ』という著作には、苦しむ人のなかにあるちからをめぐる次のような一節がある。

悩んでいる人も
本当はどうすればいいかわかっています。

私は、本人が気づくのを見守るだけ。
自分で納得して答えを出せた人は
すぐ行動に移ります。
まわりが驚くほど
あっさりと変わっていきますよ。

ここで述べられているのも、「精神」の声なのではあるまいか。私たちが日ごろ、身体の声と呼んでいる現象も、じつは、身体を通じて顕《あら》われる「精神」の声なのかもしれないのである。

「精神」の声は、耳に響かない。それは無音のまま、私たちの胸を動かす。そう考えてみると、古人が「胸」という言葉で表現した場所も、フランクルのいう「精神」への扉のように感じられてくるのである。

ありのままの世界

ありのままの姿を描くこと、それが芸術家たちの悲願だといってよい。ただ、ありのままといってもそれを認識する主体が何になるかによって世界のありようはまったく違ったものになる。

「ありのまま」というと通常、写真で撮影した風景や物体のように、誰の目にも明らかな様子をいうのだろう。だが、じつは、そうした世にいう客観的なものが存在するか否かは一考を要する問題なのである。

もちろん、画家が描く林檎《りんご》もコップも存在する。しかし、そこに何を見ているかはおなじではない。そもそも誰の目にも明らかなものを撮ることが可能であれば、写真家や画家などという職業は必要なくなるだろう。むしろ、誰の目にも映っていながら、容易に認識されない実像を世に顕現させようと格闘している者たちだといった方がよいのかもしれない。

たとえば、モネ（一八四〇〜一九二六）とゴッホ（一八五三〜一八九〇）の画風は著しく異なる。しかし、ゴッホにとって、あの糸杉は「ありのまま」の姿だったに違いなく、モネにとってもあの睡蓮《すいれん》の連作は、「ありのまま」を探究する軌跡だったといってよい。

作品を見て明らかなように、二人にとっての「ありのまま」は、それぞれのものとして顕《あら》われている。ただ、ゴッホやモネの絵を見て、私たちが感じるのは、この画家たちの恣意であるよりは自由であり、個性であるよりは無私の精神ではないだろうか。

絵筆を握っているときか否かは別にして、画家ゴッホと人間ゴッホは同じものを見ていたとはいいがたい。もちろん、フィンセント・ファン・ゴッホという人間は、世に一人しか存在しない。しかし、彼のなかでどの人格が開花するかによって世界のありようはまったく異なったものになる。モネにおいてもことは同じだ。

モネは人間を超えた何かに強く促されるようにして、あるモチーフを描き続けた。睡蓮の連作はよく知られているが、そのほかにも「サン＝ラザール駅」や「積みわら」にも複数の作品がある。モネにとって描くとは、「もの」を通じて光そのものを顕現させることだった。彼にとって「ありのまま」であるのは、事物や事象ではなく光そのものだった。

画家としてのゴッホの生涯は十年しかない。その間に彼は二千点を超える作品を描いた。そのなかにはいくつか繰り返し描いている主題がある。ゴッホにはさまざまな自画像が知られている。そのほかにも「馬鈴薯《ばれいしょ》を食べる人々」や「ひまわり」のように同じモチーフで複数の作品が残されている。

二人の画家による反復は、単なる繰り返しではない。それは創造的反復とよぶべき営みで、むしろ、画家たちがはっきりと感じていたのは、同じ光景は二度経験することはできないという厳粛な事実だった。

「ありのまま」とは、いつでも誰もが、同じように感覚できるものではなく、ある人が、一瞬のうちに認識する出来事だといった方がよいのかもしれない。同質のことは聖者によっても経験されている。リジュの聖テレジアの名で知られる二十四歳で亡くなったフランスの聖女は、神の愛の経験をめぐって、死の床で次のように語った。

それは私の闇の中に差し込んだ一条の光線、と言うより稲妻のようです。でもそれは、稲妻のように一瞬だけ！

（『私はいのちに入ります　リジュの聖テレジア・最後の会話』リジュのカルメル修道院編・伊庭昭子訳）

テレジアにとって神と神の愛は同義だったといってよい。神の愛を感じるというよりも、愛である神とともにある、というのが彼女の実感だった。愛である神が垣間見《かいまみ》させる世界、それを彼女は一瞬のうちに経験する。しかし、それは同時に消えていく刹那的なものではなく、永遠の出来事でもあった。

一瞬でありながら永遠、文字の上では矛盾することが現実となる地平、ここに芸術家も聖者たちも連なっている。そこには叡知《えいち》の人である哲学者もいるだろう。だからこそ、西田幾多郎は、「ありのまま」を「絶対矛盾的自己同一」と呼ぶのである。

「自己同一」とは、真実の異名である。真実は、絶対的に矛盾した姿をしている。それが、哲学者西田幾多郎の逢着《ほうちゃく》した場所だった。

神もその愛も、目に見えず、それを計測することもできない。しかし、実在する。それればかりか、神のはたらきによって万物は存在している。論文「絶対矛盾的自己同一」で西田は「神」のはたらきをめぐってこう書き記している。西田が書く「個物的多」は万物、「超越的一」は神に置き換えてかまわない。

この世界が絶対に超越的なるものにおいて自己同一を有《も》つということは、個物的多が何処までも超越的一に対するということでなければならない、個物が何処までも超越的なるものに対することによって個物となるということでなければならない。我々は神に対することによって人格となるのである。

一見すると難解に映るが、語られていることは素朴だ。この世界が、超越的なるものとともにあることによって「真実」であるということは、万物がどこまでも神とともにある、ということでなければならない。私たちは神とともにあるとき、はじめて人になる、というのである。

西田の語っていることは複雑ではない。世界がこうして存在していること、私たちがこうしてここに存在しているという事実こそ、もっとも端的な神の証明である。そう考えた西田にとって「ありのまま」とは、神とともにある世界を意味したのはいうまでもない。それはゴッホやテレジアの認識とも極めて近しいのである。

貧しさについて

二〇二一年、東京で、オランダにあるクレラー＝ミュラー美術館に所蔵されているゴッホの作品による展覧会が行われた。クレラー＝ミュラー美術館の創設者ヘレーネ・クレラー＝ミュラーは、個人としては最大のゴッホコレクターで、彼女がゴッホの作品の蒐集《しゅうしゅう》を始めたことが、この画家の評価を決定的なものにした。

そのとき、もうゴッホはこの世を後にしている。言い古された事実でもあるが、優れた芸術家はしばしば、早くこの世を訪れ、早く世を去るものらしい。あるいは、多くの人の目にはふれない同時代の真実こそ、もっとも深く隠れているといってもよい。

ヘレーネの夫は、成功した実業家で、その収益によってヘレーネは、絵画を買い始めた。ゴッホの作品に出会うのにはさほど時間はかからなかった。彼女が最初に買ったのは「森のはずれ」と題する作品で、今回の展覧会で見ることができた。一八八三年に描かれたもので、何の知識もないまま見せられ、ゴッホの名を挙げられる人は決して多くあるまい、と思われる一枚である。カミーユ・コローをはじめとしたバルビゾン派への敬意を感じさせる一枚なのだが、モチーフこそ似ているが、画風は著しくことなる。ゴッホはコローに学ぼうとしたのだろうが、絵筆を持つと、どこからか打ち消しがたい個性が浮かび上がる。

文章家の文体が結実するように、あるときを境に画家の画風も定まってくる。ゴッホにとってそうした出来事が起こったのは一八八八年、亡くなる二年ほど前のことだった。誰の真似《まね》もできないという自覚が訪れたとき、ほかの誰にも描けない作品が生まれてきた。

それまでのゴッホは、かつてコローに学んだように、印象派をはじめパリの画壇をにぎわせていた、さまざまな流れにも学ぼうとした。だが、ここでもコローとのあいだに生じたのと同質の現象が起きる。真摯に学んでいる分だけ、独自性が現れるのだが、十分には開花しないという状態が生まれていたのである。

今回の展覧会ではゴーギャンと短い共同生活をした「黄色い家」（一八八八）も展示されていた。悲劇的な決別に終わった二人の生活のことは知っていたが、「黄色い家」がその拠点であることは知らなかった。それを確かめたのは、展覧会の後、久しぶりに小林秀雄の『ゴッホの手紙』を読み直したときだった。この一枚には、誰にも似ていないゴッホの画風が躍動していた。このときのゴッホはもう他者には学んでいない。誤解を恐れずにいえば、彼のなかに生きている「内なる画家」に師事しているのがはっきりと分かる。

いつからか絵を見るとき、会場では、説明は読まなくなった。描かれた年代と様式を確かめることはあっても、いわゆる解説は読まない。強く動かされた作品をあとから調べることはある。感動の後に読む図録の解説は、じつに味わい深い。しかし、解説を先に読むと、事前に絵について、詳しく知ることはできるのだろうが、絵に直接ふれるのは難しくなる。誤解を恐れずにいえば、「あたま」ではなく、「たましい」で絵と出会うのが困難になるのである。

今回の展覧会は、作品によってゴッホの生涯を追体験できるように企画されていた。それが実現できたのは、ゴッホの秀作だけでなく、習作も愛し、蒐《あつ》められたからだった。ヘレーネは、今日私たちがゴッホらしいと感じる画風とは異なる魅力をもこの画家に感じていたのだろう。彼女が愛したのは、画家ゴッホであるだけでなく、画家になりつつあるゴッホでもあった。

ゴッホは牧師の息子で、彼自身もあるときまでは自分が牧師になることに疑いを持たなかった。むしろ、それを天職にするためにどう生きるべきかを模索する、それが、彼にとって生きるということだった。それは「貧しさ」の意味を探究することでもあった。しかし、その過剰な熱情が牧師への道を阻むことになる。見習い牧師以上にはなれなかった。この挫折こそ、画家ゴッホ誕生の契機でもあった。その道程を小林秀雄は次のように描いている。

彼は、自分のうちに目覚めた大きな飢渇《きかつ》を癒《いや》すものは、聖書より他にないと次第に信じ込む様になる。何ものかが牧師という天職に向って自分を駆りたてると感ずる。だが、彼の手紙を読む人は、彼の熱狂の背後に画家が静かに眠っているのをはっきりと感ずる。聖書を研究し乍《なが》ら、彼の手は本能的に砂漠《さばく》のエリヤを素描し、教理問答を読んで想像に浮ぶものは、レンブラントの様々な作品である。

（『ゴッホの手紙』）

牧師になろうとした志は、そのまま画家になるときに燃え盛った。画家としてもゴッホは「貧しさ」を探究した。

キリスト教における「貧しさ」は、金銭的困窮のみを意味しない。貧しさにはさまざまな姿がある。目に見え、明らかに感覚できる貧しさもあるが、不可視な、人の目に隠れている貧しさもある。その人自身が、気が付いていない貧しさもある。だが、『新約聖書』にもあるようにイエスは「貧しい人は幸いである」という。イエスにとって「貧しさ」の自覚とはそのまま、神のくにへと通じる扉の発見を意味した。神の前で「貧しく」あるとは、人間の「ありのまま」の姿を自覚することにほかならなかった。

ここに人がいる。出会ったことのない、しかし、「ありのまま」の人間がいる。展覧会を見ながら、胸の内から言葉ともいえないおもいが湧き上がってくる。「ああ」と嘆息したのをはっきりと覚えている。それは嘆きの息ではない。著しい感嘆の顕れにほかならなかった。

詩が生まれるとき　I

若いころは、思うように生きたいと願っていた。そうできることがよいことだとも感じていた。だが年齢を重ねてみると、思ったとおりの日々は、真に生きられた時間ではなく、作りもののように感じるようになった。

そればかりか振り返ってみると、思うようにと自分では信じていても、それは誰かが定めた価値をなぞっているだけの場合も少なくなかった。

意志の強い人は、何事も決めたとおりに行えるのかもしれない。しかし、意志の強さとは無縁の人生を送ってきた私のような人間は、毎日のように自分を裏切っているような気もする。

遅れ気味な原稿に集中しよう。そう思ってずいぶん前から時間を作っておいても、終わってみれば、原稿は一文字も進まないにもかかわらず、読むはずのなかった本のページが進み、一本ならず何本かの映画を見るうちにその日が終わっていく。こうしたことが、少なくないどころか日常的に行われている。むしろ、仕事のために準備した日に限って仕事は捗《はかど》らない。

人は学ぶ生き物でもあるのだろうが、同時に学べない存在でもある。先のような、まったく予定の立たない生活を長く続けてきたにもかかわらず、カレンダーにはあたかも何の問題もなく原稿に向かえるようなスケジュールが記されている。それでもどうにか物書きとして生活できているのは、思ったように書けるからではなく、思ってもみないときに言葉が実を結ぶからだ。

生まれてきたものと作られたものは違う。たとえば、微笑でも自然に生まれたものはそれを見た他者をも幸せにするが、作り笑いは見る者を不安にさせる。会話などでも同様で、自然に生まれてきた言葉は、人の心にそのまま届くのに対して、作られた言葉は、心を素通りするようにも感じる。

仕事なら作った時間でもよいのかもしれないが、本当に親しい人との時間は、やはり、それぞれがどんなに多忙であっても、生まれるという感じがする。

「作文」は、文章を作ることの略語だが、「あれは作文だ」という表現は、そこに紡がれた文字が心からのものではなく、頭で組み立てられたものであることを指す。

「生まれる」と「作る」の差異をもっとも明瞭に感じるのは、詩を書いているときだ。作歌あるいは作詩という言葉もあるように、歌も詩も「作る」ものだと考えている人たちはいる。しかし実際のところ詩は、書こうと思ってもなかなかペンは動かない。そのいっぽうで、詩を書いている場合ではない、というときでも、どこからか詩が湧き出るようなこともある。

詩を書く営みは、名状しがたい言葉のおとずれを鋭敏に感じとることから始めるのがよいのかもしれない。詩人の永瀬清子が、詩の予感をめぐって次のように述べている。

最初はかすかな予感である。

次第に揺すれリズムが生れる。

それは詩人の中にあるのだが、肝心なことは、読者の中にも生じると云うことである。

リズムの存在は受けとり方をスムーズにし、又、脳髄へのきざみこみをたしかにする。

しかし出来合いの、あり合せのリズムは、読者をより早く嫌悪させる。

リズムは詩人の産む内容に深く拠って居り、一種の共鳴状態を読者に起こす時のみ、それは成功と云える。

いま現代詩においてはリズムのことは忘られている。


（『短章集　続　焔に薪を／彩りの雲』）

ほとんど感覚できないほどの微《かす》かな予感が訪れる。次に来るのは言葉ではない。あるリズム、律動と呼ぶべきものである。これは言葉の律動というよりも、意味の律動だといったほうがよい。詩は、言語としてではなく、しばしば、胸を熱くし、あるいは揺らす一つの出来事としてやってくる。

「出来合いの、あり合せのリズム」と記されているのが「作られたもの」にほかならない。それは、作品からいのちを奪うだけでなく、読む者に嫌悪感すら抱かせる。

ここで問題になるのは、「詩」とは何かだ。詩が単に連続した短い文章で数行から数十行の文章を書くことだとしたら、詩を書かない人、詩を読まない人に永瀬清子の言葉は関係ないことになる。詩を書くまで私も、詩は自分の人生と関係が薄いと感じていた。

詩は、小説や随想のように文学の形式を意味する場合もあるが、その本質は、文学とよりも人生と関係があるのかもしれない。詩とは、言葉と沈黙によって、自らの心の奥深くにある真実のおもいにふれようとすることだからだ。別のいい方をすれば、詩とは、言葉と沈黙によって、真の己《おの》れに出会おうとする「いのち」の衝動だといってもよいように思う。

文字で詩を書く人だけが詩人なのではない。人は、自らの人生を真に生きるとき、不可避的に詩人になる。詩に心動かされるのは、私たちの内なる詩人である。もしも、私たちの心のなかに詩人がいなかったとしたら、私たちは街に流れる歌詞に心動かされることもない。

永瀬清子は挫折する人をめぐってこう書いている。彼女にとって挫折を経験した人、苦しむ人は詩人の異名にほかならない。

挫折することのない人は信用できない。人は宿命として挫折によって「人間」を獲得する。

心をこめた仕事であれば苦しみがなくて完成しようか。愛することを知るものが悩みなくてありえようか。

よい事づくめの人は、心をこめていないか、より以上のものを求めていないか、人を押しのけていることを自覚しないか、つめたく他を見下げているか、である。

大きな挫折をもった人ではじめて他の挫折を共感することができる。人間の最もふかい感情がそこから発している。流されぬ日蓮はなく、十字架にかからぬキリストはありえないのだ。

(『短章集　蝶のめいてい／流れる髪』)

大きな挫折を経験した人だけが、他者の挫折に共鳴する。そればかりか、「人間の最もふかい感情がそこから発している」とさえ、彼女はいう。

詩を書くようになって確信したのは、誰の心のなかにも眠れる詩人が存在するということだった。それに気が付きペンを執る人もいるし、文字を書かない「詩人」は世にあふれている。そうだとしたら、文字を超えた不可視なコトバと呼ぶべきものによって刻まれた詩も世に多くあるのだろう。肉眼ではそれをみることはできない。しかし、むかしの人がいう心眼なら、それを感じることはできるのかもしれない。

詩が生まれるとき Ⅱ

気が付いてみれば、詩を書くだけでなく、詩をめぐって話すことが増えてきた。自分で語る言葉を聞きながら、詩学を講じている自分に驚くことがある。最初の詩集の刊行は二〇一七年四月だから、まだ、六年ほどしか経過していない。当時の私が今の姿を見たら文字通りの意味で驚嘆するだけでなく、わが目を疑わずにはいられないだろう。

今となっては、詩を書かない生活を思い浮かべるのは難しいが、詩とはまるで縁遠い生活をしていた。詩を書く訓練をしたわけでもなく、詩集を愛読していたわけではない。詩を書きたいと願っていたのでもなかった。

ある出来事がきっかけになって、詩が湧出してきたといった方が現実に近い。
ただ、詩的なものには親しみ以上のものを感じていたのかもしれない。
ここでいう詩的なものとは、言葉の枠からこぼれ落ちる「おもい」であり、祈りを指す。

真実の手紙はおのずと詩に似る、と書いたのはドイツの小説家であり詩人、哲学者でもあったノヴァーリスだ。ここでの「手紙」は「おもい」の器にほかならない。

「おもい」という漢字は、私が知るだけでも十二ある。日々生活をしているだけで「おもい」を伝えることの困難に直面する。書き手、あるいは語り手の仕事に従事しているときは、むしろ、その困難のなかで活動しているといったほうがよい。

「思い」と「想い」はすぐに挙げられるだろうが、ほかに少なくとも十個の異なる「おもい」が存在する。

「恋い」「意い」と書いても「おもい」と読む。そして、祈念、念願というときの「念い」もまた「おもい」なのである。そうだとすれば、真実の詩はおのずから祈りに似る、ということもできるだろう。

永瀬清子は「詩を書く時は出し惜しみせず中心から、最も肝心な点から書くべきだ。最初の行がすべての尺度になる」という。

詩を書くとき、彼女の言葉を文字通り実行しようとすれば、何も書けなくなる人も少なくないだろう。だが、彼女の指摘を詩を書くときよりも、祈るときに受け止めることができれば、予想だにしなかった地平を経験することになる。先の一節のあとに彼女はこう続けている。

まわりから説明して判らそうとすると詩はつまらなくなる。すべてはその親切程度に平板に散文化し、中心さえも「説明」の一部になる。

つまり詩の行には大切な独立力があるので、本心をつかまぬ行に最初の一行を任すべきではない。又次の行をも任すべきではない、又次の次の行も任すべきではない。

云いかえれば肝心な中心を捕えれば第一行が次行を、そして又次行が第三行を指し示し、又生んでくれる、とも云える。そしてそこにリズムが生れる。つまらぬ所から説きはじめればついに中心に行き合わぬ。そして読者の心にもついに行きあわぬ。

（『短章集　続　焔に薪を／彩りの雲』）

説明するように唱えられる祈りはもう、祈りと呼ぶに値しない。それは「生まれてきたもの」ではなく、「作られたもの」に過ぎない。むしろ、最初の「おもい」が心の深み、人々が「たましい」と呼ぶ場所から生まれれば、その「おもい」に牽引《けんいん》されて祈りは自《おの》ずと姿を見せ始める。

人は、特定の宗教に入信していなくても祈ることはある。誤解を恐れずにいえば、祈りは宗教的世界を超えている。

愛する人の無事を祈る。こうしたときの、祈りが生まれてくる場所と詩が生まれてくる場所は別ではない。祈るように詩を書く、という表現が自然に感じられるのもそのことを証《あか》している。

別なところでも永瀬清子は、詩の一行目をめぐってじつに印象的な言葉を残している。この言葉も祈りの現場において受け止めるとき、人は単なる助言、示唆以上の何かを見出《みいだ》すだろう。


詩の第一行を書きとめるのは朱鷺《とき》に餌づけをするようにむつかしい。ねらいかくれて、あの鳥の高貴なくちばしの近づくのを待っている。そしてその鳥が安堵して自然のままの餌と思いちがえてついばむまで、自分はいないもののように茂みのかげにしずかにかくれていなければならない。

自分は生活の中にまぎれて、詩のことなど考えてもいないかのように――。

自分はいつも夫や子供や家のことだけを思って、詩のことなどはすこしも考えていないかのように――。

(『短章集　蝶のめいてい／流れる髪』)

生後半年も経《た》たないうちにカトリックの洗礼を受けた。母の胎内にいるときから受洗することは決まっていた。カトリックでは定型の祈りを唱えることが多い。だが、もちろん、そこに収まらない「おもい」が人間にはある。

祈りとは、自分の願いを訴えることではない。大いなるものと対話することだといった人がいる。祈りは、人が大いなるものの声を聴くことから始められるとき、「作られた行い」ではなく、「生まれた営み」となる。そして、その最初の言葉が、誰の耳にも届かないような、ほとんど沈黙と判別がつかないような姿で営まれるとき、そこから発せられる光は、「思い」の枠組みを打ち破り、私たちをさまざまなる「おもい」の世界へと誘《いざな》うのである。

学びと勉強

四年近く勤務した大学を辞めた。

最初から腰掛のつもりだったのではない。前職に区切りをつけた転職だった。十五年ほど前に起業した会社の負債を完済したうえで、経営のバトンもしかるべき人に渡して、大学の門をくぐった。環境を整え、決意を自分に言い聞かせようとしたつもりだったが、それでも辞職の決断をしたのにはそれなりの理由がある。

それは、今日の大学教育に関する根本的な違和感で、それを象徴するのが「人材」という一語だった。国際的な人材、優秀な人材、独創的な人材など、「人材」ではなく、「人間」という言葉が、文字通り跋扈《ばっこ》していた。

「人材を社会に送り出す」という言葉が、学内の会議で発せられたとき、かつて大学が、若者たちを戦場へ送り出す場所になっていった歴史を想《おも》い出さざるを得なかった。教員が若者を「人材」と見なしていることが否定しがたいかたちで物語られていた。

これは特定の大学に限ったことではない。ある別の大学で講演をする機会があり、控室で担当教員と話をしているときも「人材」という表現をめぐる話になった。この人物も、静かな、しかし強い口調でこの不用意な表現に対する疑義を語り、心ある者は一致して、「人材」という言葉を用いるのを止《や》めようと話し合ったという。

「人材教育」「人材バンク」「人材活用」など、大学以外でも人材という言葉は用いられている。ことさらに騒ぐ必要はないではないか、という意見もあるかもしれない。

ある営利企業が、優秀な人材を雇用しようとするのは理解できる。それがその会社の社風なのだろう。そこに違和感を覚える者は別な企業に勤めればよい。

しかし、教育機関が追究するのは、利益でもなければ生産性でもない。人間の可能性である。そして、このときの「人間」は、個人を意味するだけでなく、人と人の間《あいだ》を含意する「人間」でもあるはずだ。自分だけのことを考えるのではなく、自分以外の他者と共にどう生きていくのか。こうした問いを根底に据え、さまざまな研究を行うのが「大学」という場所だろう。

大学という名称は、四書五経の一つである古典の『大学』と無関係ではない。『大学』は人間の叡知《えいち》の可能性を説いて止まない。だが現実の大学は、就職予備校のようにすらなっている。

皮肉なことに着任に際して大学側が準備してくれた科目名が「人間文化論」だった。この科目名には深い愛着があった。その名に反しないことを語ろうというのがいつわらざる動機だった。

同じ「人間」は二人いない。これが人間認識における不動の原点なのではあるまいか。しかし、「人材」という言葉の背後には、材料のように代わりはいくらでもいるという空気がある。

人材という言葉が用いられるとき、そこではもう真の意味での人間性は問われない。職場での協調性、職場でのコミュニケーション能力は問われても、その人物の人格の深さが問題にされることはない。

人格と人間が忘れられたところに「学び」は生じない。なぜなら、「学ぶ」とは、真の自己に出会おうとする真摯な営みだからだ。

「人間」が育つ道程において、世にいう「人材」的能力が開花することは珍しくない。しかし、逆はほとんど起こり得ない。植物にたとえていえば、人間性は根であり幹であり、さまざまな「能力」は果実にほかならないからである。

日常的に「人材」という言葉が語られる環境にいると、大学が推奨する「勉強」にも関心が薄れていく。「勉強」のたどり着く先が「優秀な人材」であることに違和というよりも次元的な異和を感じるようになっていった。

勉強と学びは、まさに似て非なるものだ。

勉強は、文字通り、何ものかから強いられ、勉《つと》めることである。受験勉強は、まさに勉強そのものだといってよい。勉強の世界にはいつも、答えがあり、期限があり、優劣が判断される。それは比較の世界にほかならない。上位の者がいて、下位の者がいる。

真に学ぶという現象が起きるとき、そこには必ず主体性がある。ほかの人がやっているから学ぶのではなく、内的必然性があるから学びたいと感じる。

学びの世界には答えがない。そこにあるのはある種の手応え、「応え」だけがある。中国哲学の古典『荀子《じゅんし》』には、「学ぶ」ことをめぐって、次のような一節がある。

君子の学は通《つう》ずるが為《た》めに非《あら》ず。窮《きゅう》するとも困《くるし》まず憂《うれ》うるとも意の衰《おとろ》えず、禍福終始《かふくしゅうし》を知りて心の惑《まど》わざるが為《た》めなり。

（宥坐篇　金谷治訳注）

次のように意訳することもできる。

君子の学は、世に通じるためにするのでない。貧しくても困窮することなく、憂いのなかにあっても生きる意志を失わず、人生の試練や幸いを知り、万事において、心に戸惑いを覚えないためである。

つまり、真実の学びとは、世にいう成功や栄達のためでなく、生の機微を見極め、人生の困難にあって己《おの》れを見失わずに生きるためである。さらにいえば、たとえ、矛盾が渦巻き、悲しみや苦しみが折り重なることすらある人生であっても、やはり生きるに値するものであることを、全身で感じようとするのが「学び」の本義だ、というのだろう。

勉強にはいつも明確な目的がある。だが、「学び」には、容易に語り得ない動機があるのではないだろうか。

懸命に勉強するのは、人よりも秀でるためであり、競争社会を生き抜くためである場合もあるだろう。しかし、学びの理《ことわり》は異なる姿をしている。ただ生きている。そこにも意味と価値と重みがある。それを、自他のうちに見出《みいだ》していこうとすること、それが学びの基点なのではないだろうか。

求道者と人生の危機

機会があったら大学に勤務してみたい。そう思った日のことは、はっきりと覚えている。二〇一四年三月八日の午後のことだった。

ある敬愛する人物の講座に参加するために横浜にいた。講座が終わって、少し遅い昼食を食べようと思っていたとき、留守番電話にメッセージが残っているのに気が付いた。

「さきほど、井上神父さんが亡くなりました」

もう少し何かを聞いた記憶があるが、詳しい文言は覚えていない。連絡をくれたのは遠藤周作研究の第一人者である山根道公《みちひろ》さんだった。この「神父さん」という言葉には、稀有《けう》なる導師でありながら、同じ人間であるという認識があって、文字上では表しづらい無上の敬愛がこもっている。

山根道公さんと出会ったのは、一九八九年ではなかったかと思う。私は二十歳か二十一歳になる頃で、もう三十年来の付き合いになる。出会った場所は、亡くなった井上洋治神父が主宰していた「風の家《プネウマ》」だった。山根さんはそこに集っている十余名の若者を束ねる役割をしていた。そこには少し遅れて、中世哲学の第一人者となった山本芳久さんもやってくることになる。

「風の家」には、二重の意味がある。場所的には神父が自宅を開放していた集いの場であると同時に、神父が信じる霊性を深める信仰共同体でもあった。

もちろん、井上洋治は「神父」という名称の通り、カトリックの司祭だったのだが、彼のミサでは歌も歌われず、沈黙が重んじられ、隠れキリシタンが使っていた聖杯が用いられたりしていた。ミサのあとには聖書の勉強会があった。

神父は文学者とも深いつながりがあり、批評家の河上徹太郎や福田恆存《つねあり》、詩人の田村隆一とも親交を深め、ある日、ミサに行くと遠藤周作や安岡章太郎がいる、といった場にもなっていた。

また、神父は先に挙げたような人から直接贈られた本も含めて、自分の本を若者たちに開放していた。阪田寛夫、大原富枝、高橋たか子、木崎さと子といったキリスト者の文学にもここで出会った。それらには皆、神父宛ての署名が入っていて、それを眺めているだけでも心動かされるものがあった。

私の人生を変えたといってよいマイスター・エックハルトをはじめとして、キリスト教に関するものはもちろん、柳宗悦、井筒俊彦、文化人類学者の岩田慶治やヴィクトール・フランクルの著作を手にしたのも神父の書棚だった。

振り返ってみると「風の家」が私の「大学」だった。信仰の師に出会っただけではない。文学も哲学も芸術も、私はここで学んだ。そして、親友と呼べる人物ともここで巡り会った。

若さとは未熟さの別な表現にほかならないが、私の場合は、大きく未熟さに傾斜していた。神父はそうした私をときに激励し、慰め、そしていつも見守ってくれていた。神父に出会っていなければ人生が変わっていただけではない。人生が始まっていなかったのではないかとすら思う。

神父が亡くなったと聞いた、その瞬間、打ち消しがたい、ある思いが胸を貫いた。

「今度はお前の番だ。お前がどんなに未熟でも、お前が若い人と向き合うときだ」

大学に勤務するようになったのはそれから四年半後だったが、その間も、幾度となく次の世代に言葉を受け渡すことを折にふれて考えていた。

「教える」という言葉には、以前から違和感があった。神父が行ってくれたのも「教える」というよりも「手渡す」というべきことだったからだ。それは手から手へというよりも心から心へと伝えられた。

最晩年、神父が亡くなる数ヶ月前、神父から電話があった。どうしても話したいことがあるから来てほしいという。昼食を食べながら、さまざまな話をし、少し言葉が途切れたときだった。

「若松君」、そう神父は少し声を詰まらせるようにしながら、こう続けた。

「ぼくは、心から心へ伝えたいんだ。これまでもずっとそう願ってきたんだ……」

この言葉を私は神父の「遺言」だと思っている。浅学菲才《せんがくひさい》の身には、神父の思想を受け継ぐことはできない。しかし、頭から頭へではなく、心から心へ言葉を手渡すことはできるかもしれない。ことに若い人たちにそうしたい。神父が亡くなり、彼を思い出すたびにそうした思いを深めるようになっていった。

勤務校には、いわゆる優秀な学生が集っていた。知的に優秀であることは素晴らしい。しかし、それが唯一の在り方ではないだろう。古今東西の歴史を見ても、優れて知的ではなくとも、深い生き方をしている人は無数にいる。

大学では、知的であることが最初の扉であり続ける。その扉を越えなければ、何も始まらないような雰囲気が流れていた。

知情意という言葉がある。知性・感情・意志の三つが一つになったとき、その人の人間性が輝きを増す、というのだろう。ただ、これは順序でもなければ、それが均等である必要もない。そんな型にはまったような人間は存在しない。

しかし、いつの間にか知情意が、鍛錬する順序になり、そんな世界が出来上がった。確かに、むかしの人――たとえば二宮尊徳――のなかには「知」を土台にせよ、と強く説いた者も少なくない。しかし、今日のような学校制度がなかったことがそうした言葉の背景にある。

尊徳は幼いときに両親を喪《うしな》い、生きることにおいて辛酸をなめなくてはならなかった。彼は、菜種を自分で育て、その油で火をともして学んだ。その上で「知」の意味を説いた。彼は生のなかで「情」と「意」をめざめさせ、その上に「知」を再構築したのだった。

講義などで若者たちと交わりながら、深まっていったのは、「知」の扉が開け放たれるのは、「情」や「意」の扉の後でもよいのではないのか、ということだった。

神父はしばしば、何か「について知る」という間接的認識と何か「を知る」という直接的認識の差異を語った。海を見ることなく、水にふれることがなくても、海「について」、ある程度まで知ることはできる。こうした「知」と、海で一日を過ごし、水面の奥には無数の生き物がいるのを実感するのはまったく異なる「知」だというのである。この世界を「海」にたとえる人は少なくない。

人は、真の意味で生きようとするとき、どうしても何か「について知る」だけでは太刀打ちできない現実にぶつかる。他者の悲しみを感じ得る心と苦しみを生き抜こうとする意志に牽引《けんいん》された知性、人の痛みが分かる知性もまた、開花してよいのだろう。

神父は、浄土宗の開祖法然を深く敬愛していた。最期は、法然の生まれた場所に建てられた誕生寺の近くで亡くなりたいと希望したほどだった。法然の生涯を描いた著作で神父は人生の危機をめぐって、次のような言葉を残している。

求道者の一生は、必ず一度や二度は、もし道をあやまればその人生を台なしにしてしまうような危機に直面する。それは言ってみれば、越えなければならない高い山にも似た、前から迫ってくるような困難とは全く異質なもので、先のみえない深い霧のなかで足もとから地面がくずれおちていくような、どこへどう進んだらいいのかわからないような苦悩にみちた絶望的な危機感であろうと思う。そこでは己れの力にたよることをやめ、ただひたすら合掌する以外に手だてはないのではなかろうか。

（井上洋治『法然』）

この一節を読んで、自分は法然のような宗教者ではなく、求道者でもないから関係がないと思う人がいるのかもしれない。確かに宗教者である人は多くないだろう。しかし、真の意味で「生きる」という地平に立つとき、人は誰も自分の道を求める者、求道者になるのではないだろうか。

人生の根底を揺り動かすような出来事は、誰にも起こり得る。そこでも何か「について」知った知識はあるはたらきをするし、あった方がよい場合も少なくない。しかし、不可欠なのは何か「を」確かに知ったという経験なのである。そこに生まれるものを、ある人たちは知識と区分するように叡知と呼んだ。

大学を辞めようか迷っているとき、ＮＨＫ・Ｅテレ番組の「１００分de名著」

で何度か仕事をした伊集院光さんと対談する機会があった。
対談が終わって、余談のとき、「若い人に言葉を届けたくて大学の教師になった」と言ったら伊集院さんが驚いたようにこう語った
「えっ？　大学から出た方が、言葉は広く届くかもしれないけどね」
そう言いながら、伊集院さんはラジオ番組に込めた思いを熱く語った。その姿を見ながら、彼の言葉をかみしめるうちに、何か肩の荷が下りたように思った。

あとがき

「光であることば」という書名は実経験から生まれた。人生には、必ず、暗がりのときがある。闇と呼ばざるを得ない状況もあるだろう。そうしたとき「ことば」は、穏やかな、そしてときには烈《はげ》しい光によって道を照らし出してくれることがある。「ことば」から光が発せられるという表現は当たらない。「ことば」の本質、それ自体が光であるように私には思われる。「ことばの光」ではなく、あえて「光であることば」としたのにはそうしたおもいが込められている。「ことば」を身に宿す。それは「光」とともに在ることに等しい。

宮澤賢治の『春と修羅』の最初に置かれた「屈折率」という作品がある。私には、ここにある「アラツデイン　洋燈」すなわち「アラッディン（Aladdin）」、アラジンの洋燈《ランプ》が「光であることば」の象徴のように映る。

七つ森のこつちのひとつが
水の中よりもつと明るく
そしてたいへん巨《おほ》きいのに
わたくしはでこぼこ凍《こほ》つたみちをふみ
このでこぼこの雪をふみ
向ふの縮れた亜鉛の雲へ
陰気な郵便脚夫《きやくふ》のやうに
（またアラツデイン　洋燈とり）
急がなければならないのか

七つの森のある場所が、巨きく、そして水よりも透明な輝きを放っている。そこへ向かわねばならないのだが、道は険しく「でこぼこ」で凍っている。「縮れた亜鉛の雲」は、容易に動かない暗がりの象徴だろう。真に明るい場所に行くには、暗い場所を通らねばならない。

この詩人はその道を、うつむきがちに歩く郵便配達夫のように急ぐ。自分が運んでいるものが何であるのかは知らない。しかし、それを待っている人がいる。この詩人にとって「書く」とは、そのまま言葉を運ぶことでもあったのだろう。そして、その手には魔法のランプがある、というのである。

ランプに光が灯るとき、見えなかったものが見えるようになる。ここでいう「光」とは、単に光線を意味しない。それは、不可能を可能にする不可思議なはたらきを指す。

人は、本で、対話で、あるいは街角で出会う言葉に「光」を感じることもある。だが、それを自分で書くこともできるのである。読者は、書かれたものの理解者であることで終わる必要はない。自分もまた、書けるのである。

本は、文章からのみ成り立っているのではない。装丁家、ときには画家の仕事も必要になる。そして、見えない書き手というべき校正者や全体を統合する編集者の存在を欠くことができない。一見して分かるところには著者の名前しか記されていないが、じつに多くの人の仕事によって成り立っている。つまり、見えない人の熱情と真摯な営みがそこに籠っている。名前を挙げることができない、「ことば」をめぐるそうした環《わ》のなかにいて、こうして仕事ができていることにまず、深い謝意を表したい。

本書に収められた文章はｗｅｂ版の雑誌「本の窓」に連載された。声を掛けてくれたのは編集者の安武和美さんだった。たしか横光利一だったように記憶しているが、書き手はまず、編集者に向け書く、だからこそ、誰に向けて書くかによって作品は大きく変わると述べていたように思う。この連載のとき、幾度も横光利一の言葉を想《おも》い出した。何かよき言葉があれば、それは最初に受け取ってくれた安武さんのはたらきが大きい。

書籍化にあたっては、連載当時編集長だった齋藤彰さんも的確に本質的な参与をしてくれた。この小著をただひとつのものにするために誠実を尽くしてくださった。この場を借りて感謝申し上げます。

連載時には毎回、西淑さんの絵が添えられていた。私はそれを見るのが本当に楽しみだった。文章と直接的な関係をもたないように見えるものも、存在の深みでは深くつながっているように感じられ、名状しがたいよろこびを感じるのだった。作家の遠藤周作は、『新約聖書』にふれ、自分は、事実の奥に真実を読むと述べているが、西さんの作品にふれるたびに私は、真実としか呼び得ないものの存在を確かめ直している。そして、この画家と同時代を生きている幸いを嚙《か》みしめている。

書籍化にあたって、刺繡《ししゅう》作家の沖潤子さんの作品のちからを借りることができた。二〇二三年の初め、鎌倉にある神奈川県立近代美術館 鎌倉別館で行われた沖さんの展覧会を見て、これは詩だと思った。詩人が紙に文字を書くように、沖さんが布に一針一針縫っていく。そこには文字を超えたコトバでつむがれた詩が立ち現れるのである。本書はそうした見えない詩によって包まれ、世に送られる。そのことに深いよろこびと光栄を感じている。

帯文を寄せてくれた伊集院光さんとは、本文でもふれたようにＮＨＫ・Ｅテレの「１００分de名著」でこれまでに何度か仕事を共にする機会があった。番組では、流れの台本はあるのだが、決まった言葉が記されているわけではない。そこには真剣な対話が起こる。真の意味での対話が起こるとき、人は心の奥にある場所から語り、心の奥にあるところで受け止める。彼の深いところから生まれた言葉には単なる「考え」を超えた何かがある。そうした言葉が、本書を包んでいることにも、昔の人がいった「ありがたさ」を感じている。

二〇二三年四月二十三日

若松　英輔

ブックリスト

よろこびについて

『生きるということ』エーリッヒ・フロム／佐野哲郎訳　紀伊國屋書店

希望について

『新約聖書』フランシスコ会聖書研究所訳注　サンパウロ

人生の門

『南無阿弥陀仏』柳宗悦　岩波文庫
『深い河』遠藤周作　講談社文庫

ほんとうの居場所

『イワン・イリッチの死』トルストイ／米川正夫訳　岩波文庫
『臨済・荘子』前田利鎌　岩波文庫

静寂の音信

『ドゥイノの悲歌』リルケ／手塚富雄訳　岩波文庫

詩歌のちから

『初期万葉論』白川静　中公文庫
『新版　古今和歌集　現代語訳付き』高田祐彦訳注　角川ソフィア文庫
『瑠璃柳』南原繁　私家版

書くことの爆発
『新しい世界のための教育』マリア・モンテッソーリ／関聡訳　青土社

言葉にふれる
『死について考える』遠藤周作　光文社文庫
『苦海浄土　わが水俣病』石牟礼道子　講談社文庫

感じるものの彼方へ
『一色一生』志村ふくみ　講談社文芸文庫

完成を超えた未完成
『モオツァルト・無常という事』小林秀雄　新潮文庫
『夜の讃歌・サイスの弟子たち　他一篇』ノヴァーリス／今泉文子訳　岩波文庫
『ノヴァーリス作品集』第３巻　今泉文子訳　ちくま文庫

知ると識る――自由について Ｉ
『無心ということ』鈴木大拙　角川ソフィア文庫
『考えるヒント２』小林秀雄　文春文庫

ほんとうの自分に出会う――自由について Ⅱ
『翻訳語成立事情』柳父章　岩波新書
『それでも人生にイエスと言う』Ｖ・Ｅ・フランクル／山田邦男、松田美佳訳　春秋社

孤独のちから

『独り居の日記』メイ・サートン／武田尚子訳　みすず書房

愛の対義語

『エックハルト説教集』マイスター・エックハルト／田島照久編訳　岩波文庫

『罪と罰』ドストエフスキー／工藤精一郎訳　新潮文庫

たましいの燈火——たましいとは何か I

『プラトン全集14』水野有庸、長坂公一訳　岩波書店

もう一つの視線——たましいとは何か II

『ユング心理学入門』河合隼雄　岩波現代文庫

『宗教と科学の接点』河合隼雄　岩波現代文庫

『心理療法序説』河合隼雄　岩波現代文庫

人生の季節

『留魂録』吉田松陰／全訳注　古川薫　講談社学術文庫

精神のちから

『制約されざる人間』V・E・フランクル／山田邦男監訳　春秋社

『いのちをむすぶ』佐藤初女　集英社

ありのままの世界

『私はいのちに入ります　リジュの聖テレジア・最後の会話』リジュのカルメル修道院編／伊庭昭子訳　聖母の騎士社

「絶対矛盾的自己同一」『西田幾多郎哲学論集Ⅲ』／上田閑照編　西田幾多郎　岩波文庫

貧しさについて

『ゴッホの手紙』小林秀雄　新潮文庫

詩が生まれるとき I

『短章集　続　焰に薪を／彩りの雲』永瀬清子　詩の森文庫

詩が生まれるとき II

『短章集　蝶のめいてい／流れる髪』永瀬清子　詩の森文庫

学びと勉強

『荀子』金谷治訳注　岩波文庫

求道者と人生の危機

「法然　イエスの面影をしのばせる人」『井上洋治著作選集　8』井上洋治　日本キリスト教団出版局

初出「本の窓」二〇二一年一月号−二〇二二年五月号

著者紹介

若松英輔

わかまつ・えいすけ

１９６８年新潟県生まれ。批評家・随筆家。慶應義塾大学文学部仏文科卒業。「三田文学」編集長、読売新聞読書委員、東京工業大学リベラルアーツ研究教育院教授などを歴任。２００７年「越知保夫とその時代　求道の文学」にて第14回三田文学新人賞評論部門当選。16年「叡知の詩学　小林秀雄と井筒俊彦」にて第2回西脇順三郎学術賞を受賞。18年『見えない涙』にて第33回詩歌文学館賞、『小林秀雄　美しい花』にて第16回角川財団学芸賞を受賞。19年『小林秀雄　美しい花』にて第16回蓮如賞を受賞。著書に『イエス伝』（中央公論新社）、『悲しみの秘義』（ナナロク社、のち文春文庫）、『詩集　たましいの世話』『常世の花　石牟礼道子』『弱さのちから』『詩集　美しいとき』（以上、亜紀書房）、『詩と出会う　詩と生きる』『14歳の教室　どう読みどう生きるか』（以上、ＮＨＫ出版）、『霧の彼方　須賀敦子』（集英社）、『藍色の福音』（講談社）など多数。

光であることば

©Eisuke Wakamatsu 2023 Printed in Japan ISBN 978-4-09-389124-0

2023年7月3日　初版第一刷発行

著者
若松英輔

発行者
石川和男

発行所
株式会社小学館
〒101-8001
東京都千代田区一ツ橋2-3-1
編集03-3230-5138
販売03-5281-3555

編集
安武和美
齋藤彰

DTP
株式会社昭和ブライト

印刷所
凸版印刷株式会社

製本所
株式会社若林製本工場